Wilhelm Hübbe-Schleiden

Weltwirtschaft und die sie treibende Kraft

Vortrag

Wilhelm Hübbe-Schleiden

Weltwirtschaft und die sie treibende Kraft
Vortrag

ISBN/EAN: 9783743477742

Hergestellt in Europa, USA, Kanada, Australien, Japan

Cover: Foto ©Suzi / pixelio.de

Weitere Bücher finden Sie auf **www.hansebooks.com**

Weltwirthschaft
und die sie
treibende Kraft,

Vortrag,

gehalten in der General-Versammlung des
„Westdeutschen Vereins für Colonisation und Export"
zu
Köln, am 4. März 1882

von

Hübbe-Schleiden D. J. U.

„Im engen Kreis verengert sich der Sinn,
Es wächst der Mensch mit seinen größern Zwecken."
Schiller.

Hamburg,
L. Friederichsen & Co.
Admiralitätstraße 3 u. 4.
1882.

> „Die neue Aera ... jetzt beginnt,
> Euch aus des Bürgerlebens engem Kreis
> Auf einen höhern Schauplatz zu versetzen,
> Nicht unwerth des erhabenen Moments,
> Der Zeit, in der wir strebend uns bewegen;
> Und nur der große Gegenstand vermag
> Den tiefen Grund der Menschheit aufzuregen,
> Im engern Kreis verengert sich der Sinn,
> Es wächst der Mensch mit seinen größern Zwecken."
>
> Schiller (Prolog zum „Wallenstein").

Das letzte Ziel, meine Herren, das Endziel, auf welches alle unsere hier vertretenen Bestrebungen hinauslaufen, ist kein geringeres als: unser deutsches Volk von einer binnenländischen Militärmacht zu einer Weltculturmacht zu erheben, — aus einem zersplitterten, europäischen Stammesgewirre eine, die Erde thatkräftig umspannende und in die Civilisation der Menschheit neu-gestaltend eingreifende Nation zu machen.

Von verschiedenen Seiten sind die verschiedensten Mittel und Wege vorgeschlagen worden, um zu diesem Ziele zu gelangen. Evident ist, daß das einfachste Mittel und der gerabeste Weg zu diesem Ziele der wäre, daß unsere Reichsregierung ein für uns geeignetes, überseeisches Ländergebiet annectirte. Dann würden wir mit einem Schlage eine überseeische Macht geworden sein, und es ist mehr als wahrscheinlich, daß Alles, was unserm großen Publicum sonst noch zu einer reichen und für die Weltcultur tonangebenden Nation fehlt, sich nach und nach auf solcher Basis entwickeln würde, — ein erweiterter practischer Horizont, weltumfassende Unternehmungslust, ein neuer frischerer Lebensgeist und manches Andere. Allein ein solches Vorgehen unserer Regierung hat doch seine großen inneren und äußeren Schwierigkeiten. Wohl nicht mit Unrecht hält die Reichsregierung den bezeichneten Weg, wenn auch vielleicht für den kürzesten, doch aber nicht für den besten. Nur dasjenige, was sich aus dem inneren Leben eines Volkes heraus organisch entwickelt, wird sich gesund gestalten und sich dauernd lebensfähig beweisen. Auch entzieht sich die Beurtheilung der Fragen des Wo? und Wie? so vollständig dem Gesichtskreise der Privatleute, als welche wir hier doch versammelt sind, daß uns in dieser Richtung nicht viel Anderes zu thun übrig bleibt, als möglichst oft und möglichst energisch den Wunsch zu äußern, unser Reichskanzler möge auch dieses drängende Bedürfniß unserer Nation stets lebhaft im Auge behalten.

Wie gesagt ist aber ein solches officielles Vorgehen nicht der einzige Weg; ja es ist sogar unbedingt nothwendig, daß einer solchen Unterstützung durch das Reich ein anderer Causalfactor, die private Initiative vorangehe. Allerdings ist Jedem, der das Leben und die Geschichte kennt, hinlänglich klar, daß es von jeher, im Alterthum so gut wie in der Gegenwart, eines der sichersten Merkmale für die Stärke und Größe der Cultur-Entwickelung einer Nation war: wie früh und mit welchem Geschick deren Regierung sich dem Expansions-Streben der Nation culturpolitisch annahm. In der Neuzeit geschah dies zuerst in tonangebender Weise vonseiten der Vereinigten Staaten, deren Bundesregierung die Colonisation ihres weit ausgedehnten Gebietes mit bekanntem Erfolge in die Hand nahm. Den „Staaten" folgte England in noch reicherem und umfassenderen Maße, und erzielte auch bei seinen vielseitigen und unermüdlichen Experimenten die wichtigsten Resultate an staatspolitischer wie privatwirthschaftlicher Erfahrung. Erst später, um die Mitte dieses Jahrhunderts, schloß sich Frankreich diesen Bestrebungen praktischer Colonisations-Politik an — mit viel Eifer, aber wenig Glück. Am spätesten endlich und mit dem verhältnißmäßig geringsten Geschick haben bisher die übrigen romanischen Völker, namentlich die Staaten Süd-Amerika's diese ihre nationale Aufgabe betrieben.

Bei uns nun ist freilich diese wichtige Staatsaufgabe auf dem Papier schon bei der Begründung des „Norddeutschen Bundes" richtig erkannt worden; und auch die bezügliche Alinea des Art. 4 unserer Reichsverfassung lautet ebenso: „der Beaufsichtigung seitens des Reiches und der Gesetzgebung desselben unterliegen .... die Bestimmungen über .... Colonisation und die Auswanderung nach außerdeutschen Ländern." Diese Bestimmungen aber harren bisher noch ihrer praktischen Inangriffnahme, ja sogar des dazu nöthigen Verständnisses in den weiteren Kreisen unseres gebildeten Publicums. Richtiger daher und nothwendiger als überseeische Annexionen ist es, daß sich unsere Reichsregierung nach Kräften bestrebte, zunächst dieses Verständniß in den tonangebenden Kreisen unseres Volkes zu wecken

und den privaten Unternehmungsgeist auf die überseeische Welt hinzulenken.*)
Private Initiative war und ist unter allen Umständen die einzige und unentbehrliche Grundlage jeder lebensfähigen Cultur-Entwicklung. Schaffen wir werthvolle deutsche Interessen übersee, so wird, ja so muß unsere Regierung uns schützen, uns und unser Recht! Was aber nicht aus dem Volke selbst herauswächst, das kann keine Regierung schablonenmäßig demselben aneignen. Schenkte man auch jetzt den Eskimos oder den Hottentotten das schönste Paradies, sie würden Wenig oder Nichts damit anzufangen wissen; die Botokuden leben in der reichsten Naturumgebung irdischen Daseins und haben Nichts aus derselben gemacht; sie stehen noch heute so ziemlich auf der untersten Culturstufe. Nur die in den Völkern und Rassen selbst sich entwickelnden Culturkräfte, ihr Geist und ihre Willenskraft, sind für ihre Leistungen entscheidend. So kommt es auch für unsere Bestrebungen in erster Linie auf die Culturkraft unserer privaten Initiative an. Wollen wir systematisch unser Ziel verfolgen, so muß es sich für uns zunächst darum handeln, in unserm Volke das rechte weltwirthschaftliche Verständniß, den echten Welthandelsgeist, zu wecken!
Volkswirthschaftlicher Sinn, m. h., oder, wie ich es eben nannte, Welthandelsgeist, ist das Bewußtsein, ein mitwirkender und mitverantwortlicher Theil der Weltwirthschaft zu sein. Dieser Geist kann

---

*) Wie unsere Reichsregierung dies mit sicherem Erfolge möglich machen könnte, ist unschwer anzugeben nach Maßgabe der vorhandenen brittischen und niederländischen Vorbilder daheim und draußen. Diese müßten selbstredend unseren speciellen Verhältnissen und Bedürfnissen angepaßt werden, um dadurch eine Wirksamkeit von umfassendster Ausdehnung bei uns zu gewinnen. Auch würde solches Vorgehen offenbar der beste Weg sein, auf welchem unsere Regierung sich die zur Organisation eines „Ueberseeischen Amtes" später unerläßlichen Kräfte höherer und niederer Art, bei denen allen aber ganz besondere Vorbedingungen erforderlich sein werden, nach und nach heranzubilden. — Die beste, ja die nöthige Grundlage solcher Wirksamkeit jedoch wird hier durch das Zusammentreten weniger bahnbrechender Privatmänner aus unseren financiell und politisch tonangebenden Kreisen geschaffen werden. Eine solche Gesellschaft (oder Club) wird zugleich für unser politisches Leben den Vortheil haben, daß sie ein neutraler Boden sein wird, auf welchem sich tüchtige Politiker aller Parteien zu gemeinsamen Wollen und Handeln vereinigen können, — ein Asyl, wohin man aus dem ewigen und unfruchtbaren Gezänke der Fractionen gerne fliehen wird, um einmal wieder nur ein Deütscher zu sein.

niemals in einer blos theoretischen Theilnahme an den großen Fragen der Civilisation bestehen, sondern entsteht erst durch eine praktische Bethätigung in der überseeischen Welt.

Diese Geisteskraft, m. H., welche allein einer Nation die Welt und ihre Zukunft zu erobern vermag, ist wohl dasjenige Element, welches in unserm Volke bisher noch am wenigsten ausgebildet ist. Daß es allerdings — von Hamburg und Bremen nicht zu reden — auch im deutschen Inlande zahlreiche Intelligenzen giebt, in denen der Geist, der doch unser Volk schon einmal, im Mittelalter, zur ersten Macht, zum Mittelpunkt der damaligen Welt erhob, in ganzer Frische wieder erwacht ist und zum Theil auch schon seit vielen Jahrzehnten thätig lebt, das beweist u. a. diese gegenwärtige Versammlung. Bisher aber haben unser Reichstag und andere tonangebende Kreise unserer Nation noch keine Beweise dafür geliefert, daß sie von diesem neuen Lebensgeiste erfaßt und durchdrungen sind.

Natürlich kommt es für die Bethätigung dieses Unternehmungsgeistes lediglich auf die Intelligenz und das Capital der Nation an; die Arbeitskräfte als solche sind nur das Material, aus welchem der Geist des Volkes dessen Cultur-Entwicklung aufbaut und gestaltet.*)

*) Politisch sind allerdings die Volksmassen durch ihre Zahl bedeutsam, jedoch stets auch in ihrer politischen Verwerthung nur durch die vorangehende Intelligenz bestimmt und geleitet; wirthschaftlich aber sind die Arbeitskräfte als solche völlig bedeutungslos, alles hängt vom Capital und den dasselbe tragenden Geisteskräften ab. Nur an denjenigen Orten der überseeischen Welt kann deutsche Colonisation rentiren, und nur dort kann das Deutschthum gedeihen, wo sich deutsches Capital und deutsche Intelligenz mit der nöthigen Erfahrung und dem nöthigen Interesse finden, welche geeignet und gewillt sind, im deutschen Sinne die Leitung des Unternehmens zu beschaffen. Diese deutschen Culturkräfte sind eher im Stande fremde Volksmassen zu germanisiren, als es unkultivirten deutschen Volksmassen möglich ist, sich unter dem Einflusse fremden Capitals und fremder Cultureinflüsse deutsch zu erhalten.

Das Capital aber und seine Intelligenz bestimmen nicht allein die Cultur und die Nationalität, sondern vor allem auch die Productivität des Wirthschaftsbetriebes; sie sind der eigentliche Maßstab und die Grundelemente dieser Productivität. Daß bei einem überseeischen Unternehmen freilich die „Verwerthung unserer nationalen Auswanderung" ein wichtiges Element sein kann, ist natürlich nicht zu verkennen; auch dann aber kommt es weniger auf die Quantität als auf die Qualität der heranzuziehenden Auswanderer an. Wirthschaftlich sind die zu verwendenden Arbeitskräfte lediglich eine Frage ihrer Güte und ihrer Kosten, hauptsächlich des ihnen zu zahlenden Lohnes. Als Bauern und Handwerker z. B. können die deutschen Volkselemente sehr wohl mit vielen andern

Die tiefer stehenden Volksklassen sind innerhalb der heutigen Civilisation noch viel zu unselbstständig, um überhaupt irgend einen entscheidenden Cultureinfluß auszuüben. Und soweit europäische Volksmassen als solche bisher in der überseeischen Welt Verwendung finden konnten, soweit haben gewiß unsere land- und handarbeitenden Volksklassen sich im vollsten Maße daran betheiligt. Nächst Großbritannien und Irland hat keine Nation Europas je so viel Auswanderer in die Welt hinausziehen lassen, wie die deutsche. Aber, wie Jedermann weiß, hat eben Deutschland davon keinen Vortheil gehabt, noch auch Vortheil erwarten können. Unsere geistig selbstständigen Culturkräfte blieben daheim und kümmerten sich nicht um dieses verlorengehende Culturmaterial; man hatte keine Ahnung von der culturellen Bedeutung der Auswanderung, von der Quelle des Reichthums und der Macht, die sie in sich birgt. Ueberſee aber verwendeten fremdländiſche Intelligenz und fremdländiſches Capital jenes deutſche Culturmaterial zu ihrer eigenen Colonisation, formten ihre Wirthſchaft, ihre Cultur, ihren Wohlſtand und ihre Nationalität aus denſelben. Das iſt der eigentliche Grund, warum ſich unſere Auswanderung faſt überall im Auslande entnationaliſirt. Wann und ſoweit deutſche Coloniſten nicht die Stütze deutſchen Capitals und deutſchen Handels genoſſen, ſind ſie in Süd-Amerika gerade ſo gut entdeutſcht worden, wie in Nord-Amerika. Ihr maſſenhaftes Zuſammenwohnen kann dieſen Prozeß wohl verzögern, wo immer aber unſere Bauern und Kleinbürger dauernd unter den Einfluß fremder Cultur und nicht deutſch geſonnenen Capitals gerathen, da werden, da müſſen ſie ſich jedesmal naturgemäß entnationaliſiren.

Warum läßt denn aber unſer deutſches Capital den ganz enormen

---

Völkern vortheilhaft concurriren, als unqualificirte Arbeiter aber nur bei ſehr günſtiger Verwendung ihrer beſonderen Vorzüge und Fähigkeiten.

Nicht ganz exact iſt es, als die für die Bedeutung einer Cultur-Entwicklung entſcheidenden Kräfte, Capital und Intelligenz als gleichwerthig neben einander zu ſtellen. In Wirklichkeit ſind nur die Geiſteskräfte entſcheidend, nicht nur weil dieſe überhaupt erſt Capital ſchaffen, ſondern weil auch die wirthſchaftliche Intelligenz nur die Größe des rentabel zu verwendenden Capitals beſtimmt. Weil man nun aber in gewiſſem Sinne die Qualität und Kraft dieſer Intelligenz nach der Größe dieſes rentabel verwendeten Capitals ermeſſen kann, ſo mögen beide zuſammen genannt werden. Cultur- und Capitalkräfte ſind naturgemäß mit einander verbunden und ergänzen ſich im Schaffen, wenn auch die Geiſteskraft der Vater, das Capital der Sohn in dieſer productiven Vereinigung iſt.

Arbeitswerth unserer so starken Auswanderung stets fremdem Capitale, den Nord-Amerikanern und Britten, zufallen? Warum sichert es diese eminenten Vortheile nicht sich selbst, indem es den Auswanderern die Hand zu besserem Gedeihen bietet, als ihnen die Vereinigten Staaten jetzt ermöglichen?! Und ganz andere, ungleich bessere Chancen überseeischer Bethätigung als in der nordamerikanischen Union stehen uns zahlreich in der weiten Welt offen! — Unser binnenländisches Capital und dessen Intelligenz rechnen eben — von einigen rühmlichen Ausnahmen abgesehen — bisher noch fast ausschließlich mit Europa, und zwar speciell mit den Begriffen unseres Continents; darüber hinaus geht der praktische Gesichts- und Wirkungskreis unseres Volkes kaum. Und doch kann nur jener weltwirthschaftliche Geist, daheim und übersee bethätigt, auch unser nationales Wirthschaftsleben dauernd und in großem Maße heben.

Auf die Anregung und Bethätigung dieses Geistes, dieser nationalen Schaffenskraft, also sollten alle bisher empfohlenen Wege, alle vorgeschlagenen Mittel und Mittelchen hinwirken; selten oder nie jedoch ist man sich bei denselben bewußt geworden oder geblieben, daß solche Mittel fast niemals direct zu unserm eigentlichen Ziele führen können, sondern eben nur dadurch, daß sie zuerst die dazu nöthige treibende Kraft im Volke wecken und fördern. Will man sich aber über den heutigen, nächsten Werth all solcher Mittel und Wege klar werden und ihre wahrscheinlichen Wirkungen recht beurtheilen, so ist eben zu erwägen, in welchem Grade dieselben geeignet sind, die zu denselben erforderlichen Culturkräfte anzuregen und herbeizuziehen.

Sehen wir uns nun einmal in kurzem Ueberblick die hauptsächlichsten der verschiedenen Mittel an, welche man bisher zur Erreichung unseres Zieles angewandt oder vorgeschlagen hat, so drängt sich mir zunächst die allgemeine Beobachtung auf, daß zwar alle mehr oder weniger geeignet sind, in einzelnen Fällen zu dem erstrebten Ziele mitzuwirken, daß aber ihre Anwendung in all solchen Fällen nur individuell zu beurtheilen und zu behandeln ist. Wenn wir z. B. überseeische Politik so betreiben wollten, wie es die Franzosen heutzutage machen, sei es nun mit Subventionen, Annexionen oder anderen überseeischen Experimenten, wir würden ganz genau so wenig große Erfolge in der Weltwirthschaft erzielen wie sie. Ehe sich darüber entscheiden läßt, ob es wünschenswerth ist, daß irgend eine neue Art von Unternehmungen begonnen werde, handelt es sich nur darum,

Wirthschaftliche Beurtheilung der anzuwendenden Mittel.

wie und von wem dasselbe unternommen werden soll. — Nehmen wir beispielsweise die vor Kurzem im „Export" so lebhaft discutirte Frage der „Subvention deutscher Dampferlinien". Fände sich etwa in Hamburg oder Bremen ein Mann (oder eine Gesellschaft) mit genügender Erfahrung und Specialkenntniß ausgerüstet, welcher seinen Weg klar vor sich sähe, mit einer staatlichen Unterstützung im Laufe einiger Jahre Großes zur Hebung des deutschen Ausfuhrhandels oder zur Hebung unseres Auswandererverkehrs mit irgend einem geeigneten überseeischen Lande zu leisten, ohne daß dabei andere deutsche (Concurrenz-) Unternehmungen geschädigt würden, so wäre es offenbar wünschenswerth, daß solche Subvention gewährt würde. Bietet man aber solche Unterstützung ins Blaue hinein an, und setzt sich dann etwa eine neue Gesellschaft ohne genügende Sachkunde auf, um mit Hülfe dieser Subvention bestehende Concurrenz-Linien zu überflügeln und zu ruiniren, so würde solche Maßregel unser Wirthschaftsleben nur schädigen. Bei allen Unternehmungen ist eben nur an das schon bei uns vorhandene weltwirthschaftliche Verständniß anzuknüpfen oder dasselbe erst zu wecken und dann auf solcher Basis weiter zu arbeiten, daheim und übersee. Die kleinsten wie die größten Maßregeln werden stets nur schädlich wirken, sobald und soweit sie diesen Gesichtspunct vernachlässigen.

Eine weitere Beobachtung ist die, daß die weltwirthschaftliche Gestaltung einer nationalen Entwicklung ein in sich zusammenhängendes und in einander greifendes Uebernetz darstellt, in welchem sich der Kreislauf wirthschaftlicher Lebenskraft der Nation bewegt und wächst. Vom nationalen Wirthschaftsleben ausgehend, bethätigen sich Capital und Intelligenz in überseeischen Unternehmungen; daraus ergeben sich eine Belebung des wirthschaftlichen und persönlichen Verkehrs mit solchen Gegenden, die Rückwirkung des Handelsverkehrs auf die heimische Industrie, eine Hebung ihrer Concurrenzfähigkeit und ihres Absatzes und wiederum neue überseeische Bethätigung und Capitalverwendung in immer weiterem, stärkerem und höherem Maße. Sogar verhältnißmäßig unbedeutende Maßregeln, wie Dampfersubventionen, Vermehrung der Berufsconsulate, Handelsmuseen und andere, die ihre Wirksamkeit an den verschiedensten Stellen dieses geistigen Blutumlaufes einsetzen, können — wenn richtig angewandt — mehr oder weniger direct und indirect zur Belebung des Welthandelsgeistes unserer Nation beitragen. Fragt man aber, wo denn zuerst und am stärksten eingesetzt werden müsse, so lautet die Antwort darauf einfach wieder: Ueberall da, wo man zuerst und am meisten von jenem weltwirthschaftlichen Sinne und Verständnisse findet, die uns allein als Basis für eine lebensfähige Fortentwicklung dienen können.

Es kann nun nicht meine Aufgabe sein, hier über den Werth aller einzelnen, bisher gemachten Vorschläge zur Belebung unserer überseeischen Entwicklung ein Urtheil nach Maßgabe dieser Cultur-Anschauung zu fällen. Auch ist es meiner Ansicht nach unnöthige Mühe, irgend einen solcher Vorschläge speciell zu verurtheilen. Was lebensfähig ist, hat auch ein Recht zu leben; mag Das ein Jeder auf seine Weise versuchen. Was dem Fortgange unserer organischen Entwicklung aber widerstreitet, wird ganz von selbst zusammenbrechen. — Kurz hervorheben will ich hier nur 4 Hauptpunkte: die heimische Agitation, die Hebung unseres Ausfuhrhandels, überseeische Colonisation und tropische Cultivation.

Die bedeutenden Erfolge unserer bisherigen Agitation im Norden, Osten, Westen und Süden unseres Vaterlandes haben zur Genüge bewiesen, daß wir auf dem rechten Wege sind; aber dies schließt freilich nicht aus — und ich bin weit entfernt davon zu behaupten —, daß an unserer Agitation nur wenig zu verbessern sei. Ich meine im Gegentheil gar oft den klaren Ueberblick und das Bewußtsein des richtigen Zusammenhanges innerhalb des großen Ganzen unserer Bestrebungen zu vermissen.

Was unsere Zeitschrift, der "Export," für die Agitation leistet, das beweist schon die rapide Zunahme seines Absatzes; in sehr viel größerem Maße aber werden wir erst dann die Hebung und Erweiterung des wirthschaftlichen Geistes der Nation bewirken, wenn eines oder mehrere unserer in ganz Deutschland gelesenen Tagesblätter selbstständig und energisch unsere Bestrebungen unterstützen werden. Der "Export" ist seiner Natur nach meist in Handels- und Fabrikanten-Kreisen verbreitet und erfüllt eben damit einen Zweck von großer Wichtigkeit; fast noch nöthiger aber erscheint mir die Anregung unserer Ideen ferner, nicht nur bei den Männern unserer tonangebenden Finanzwelt, sondern vor allem auch in den viel weiteren Kreisen des größeren Publicums, bei welchem flüssiges Capital zu finden ist. Diese Leser-Kreise wird ein Fachblatt sich in weiterem Maße nicht leicht erobern können; Das vermögen nur Publicationen allgemeineren, universellen Charakters, täglich erscheinende und durch ganz Deutschland gelesene Zeitungen. Andere Agitationsmittel, wie das Abhalten von öffentlichen Vorträgen in möglichst vielen der größeren Städte Deutschlands, sind in Aussicht genommen, haben aber leider noch nicht zur Anwendung kommen können. — Es ist sehr erfreulich, daß unser bisher erst in seiner Organisation begriffener „Westdeutscher Verein ꝛc." sich zunächst eben diese beiden hier hervorgehobenen Gesichtspunkte speciell zur Aufgabe gesetzt hat. Wir werden damit noch ganz andere Kreise als bisher zu unsern Interessen und Bestrebungen heranziehen, und ich hoffe, daß unsere Erfolge dabei in noch größerer Progression als bisher wachsen werden.

Zur Hebung unseres **Ausfuhrhandels** ferner hat man vor allem die Veranstaltung überseeischer Ausstellungen deutscher Industrie empfohlen. Wir haben die Ausstellungen in Sidney und Melbourne beschickt und halten jetzt eine Ausstellung in Porto Alegre ab. Meine persönlichen Ansichten, m. H., über den Werth, resp. über die verschiedenen Vortheile und Nachtheile solcher Ausstellungen bitte ich hier zurückhalten zu dürfen. Daß weder Jemand Vortheile, noch Jemand Nachtheile durch dieselben haben könne, wird von keiner Seite mit Recht behauptet werden dürfen. Die Verschiedenheit der Meinungen hierüber aber ist nicht nur im Allgemeinen sehr groß, sondern auch gerade in der hiesigen Versammlung zu solchen Gegensätzen angespannt, daß jede Verfechtung einer Seite dieser Frage hier leicht störend auf unser Zusammensein wirken könnte. Diejenigen, welche sich bisher nicht mit dieser Frage beschäftigt haben sollten, erlaube ich mir auf die zusammenfassende Darstellung aufmerksam zu machen, welche die „Köln. Zeitung" in ihrer Nro. 315 vom 13. November (1881) über die verschiedenen Puncte gegeben hat, die für und gegen unsre Porto-Alegre-Ausstellung vorgebracht worden sind.

Für die Hebung unseres weltwirthschaftlichen Interesses und Verständnisses*) daheim sind solche überseeischen Ausstellungen jedenfalls

---

*) Für unsern Ausfuhrhandel können solche Ausstellungen nur dann Werth haben, wenn sie nicht einseitig von Europa aus geplant und ausgeführt resp. beschickt werden, sondern auf einer an Ort und Stelle vorhandenen Basis deutschen Welthandelsgeistes ruhen und den dort bestehenden Interessen sachkundiger deutscher Männer dienen. Auch sollten sich an solchem Orte weitere Kreise zahlungsfähiger, von einiger Bedeutung, wenn gleich sie einen kräftigen und directen Einfluß in dieser Richtung doch nur in beschränkten Kreisen üben werden.

Um unseren Export zu heben, hat man ferner die Begründung neuer Commissionshäuser empfohlen. — Je größer die Zahl und je schärfer die Concurrenz unter den überseeisch arbeitenden Geschäftshäusern ist, desto mehr wird jedes einzelne bemüht sein, die eigenen überseeischen Interessen auch daheim zu vertreten und wird so jedenfalls um so mehr dazu beitragen, den Blick der inländischen Intelligenz auf den überseeischen Wirthschaftsbetrieb zu lenken.

Ob aber die Vermehrung solcher Häuser damit auch den Interessen und der Vermehrung unseres Exporthandels selbst dient, das ist eine ganz andere Frage. Es hängt dies lediglich davon ab, ob erstens das nöthige Bedürfniß für solche Häuser bereits vorhanden ist, und ferner davon, daß auch hierzu sich Männer mit der nöthigen Erfahrung und Tüchtigkeit finden, die solche Geschäfte rentabel zu leiten verstehen.

Hinsichtlich des letzteren Punctes liegt es auf der Hand, daß alle solche Häuser, welche ohne eine ausreichende Basis von Connexionen und Erfahrungen begründet werden, sehr bald zu Grunde gehen müssen, mögen ihnen auch das größte Capital und die umfassendsten, theoretischen Kenntnisse zu Gebote stehen.

Den ersten Punct betreffend aber wird durch die Begründung eines Commissionshauses keineswegs immer das Bedürfniß für dessen Existenz geschaffen. Freilich kann kein Zweifel darüber sein, daß eine große Menge deutscher Fabriken Waaren genug produciren möchten und könnten, um mit deren Vertrieb viele alte und neue Commissionshäuser vollauf zu beschäftigen. Solche Geschäftsverbindungen finden sich aber nur dann — und zwar dann ganz von selbst — sobald im Auslande das Bedürfniß, also die Nachfrage nach diesen deutschen Erzeugnissen in entsprechendem Maße geweckt wird. Dies geschieht aber sicherlich nicht durch die Extemporirung neuer Commissionshäuser, sei es in Deutschland, sei es übersee.

Man vergegenwärtige sich doch nur, wie denn der Welthandel, ja der Handel überhaupt entsteht und wächst: Ueberseeische Häuser aber bisher noch nicht mit deutscher Production versorgter Consumenten finden müssen, deren mögliche Gewinnung als Kunden unsrer Industrie das Risico solches Kostenaufwandes rechtfertigen kann.

dehnen am Orte ihrer Niederlassung ihre Geschäfte nach Kräften aus; sie engagiren dazu mehr und mehr deutsche Handlungsgehülfen. Die Geschäfte wachsen; die älteren Gehülfen, wenn sie sich nicht etwa zu Theilhabern der Firmen, in denen sie arbeiten, emporschwingen, setzen sich selbstständig neben denselben auf, ziehen vielleicht einige wenige der Connexionen des alten Hauses zu sich herüber, sind aber im Wesentlichen darauf angewiesen, neue sich bietenden Chancen für sich zu gewinnen und müssen meist um ihrer Existenz willen emsig arbeiten, um das Bedürfniß für diejenigen Waaren, welche sie anzubieten haben, zu steigern. Einige jener Handlungsgehülfen kehren auch nach Hause zurück, und dies sind dann in der Regel diejenigen Kräfte, welche von daheim den Commissionsverkehr mit solchen neuen überseeischen Häusern übernehmen, — falls diese letzteren nicht etwa durch einen ihrer Associés ihre Geschäfte in Europa selbst besorgen.

Unzweifelhaft ist, daß die heimischen Commissionshäuser nur Dank der zunehmenden Ausdehnung und Zahlvermehrung ihrer überseeischen Verbindungen bestehen. Diesen allein verdanken sie die Detailkenntniß überseeischer Verhältnisse und sind auch allein durch deren Vermittlung im Stande, den beständigen Wechsel der überseeischen Bedürfnisse und Geschmackrichtungen zu folgen. Ferner aber erfordert ein neues Commissionshaus oder Agentur-Geschäft daheim immer eine ganze Reihe neuer Handlungshäuser übersee, für die es arbeiten kann. Wenn nun solche überseeischen Geschäftshäuser entstanden sind, und ihre europäischen Interessen nicht selbst betreiben, sondern dieselben einem heimischen Commissionshause anvertrauen wollen, dann fragt sich immer noch, ob nicht die bestehenden Geschäfte daheim völlig im Stande sind, den größtmöglichen Umsatz mit ihnen zu bewältigen. Endlich, m. H., wachsen auch bekanntlich Connexionen nur organisch und lassen sich nicht mechanisch gestalten. Bei neuen Verbindungen überwiegt allemal der Argwohn über die Vertrauensseligkeit; und es ist selbst für eine gute Firma schwerer, neue Verbindungen anzuknüpfen, als es für eine schlechte ist, alte Connexionen zu erhalten.

Künstlich gestalten also läßt sich der Commissionshandel nicht; man kann nur sein Entstehen und Wachsen begünstigen, indem man ihm den Boden schafft und zubereitet. Hierzu kann wohl die Beschaffung neuer Verkehrsmittel und die Vermehrung oder Verbesserung der bestehenden, also Subvention von Dampferlinien und bergl. gelegentlich dienen, mag auch vielfach nöthiger und eher thunlich sein, als die Begründung neuer Handelshäuser. Wenn aber nicht deutscher Welthandelsgeist in unserm Volke daheim und draußen geweckt und gesteigert wird, dann ist der beste Theil all solcher Arbeit vergebens.

Um noch Eines anzuführen: Handelsmuseen mögen ebenfalls sehr gute Absichten, namentlich die Förderung der heimischen Agitation bezwecken; wenn aber die deutschen, sachkundigen Häuser überfee sich nicht selbstständig zu Gunsten unserer Export-Production bethätigen, wenn sie nicht aus freiem Antriebe und in ihrem eigenen Interesse solche Artikel, die sie bisher von England, Frankreich oder den Ver. Staaten beziehen, als Proben nach Deutschland senden und versuchen, ob sie dieselben nicht hier von gleicher Qualität, in gleicher Aufmachung und mit gleicher Reellität, aber billiger oder doch nicht theurer geliefert bekommen können, — wenn diese Interessenten selbst sich nicht um die Hebung unseres Exporthandels bemühen: das beste und prächtigste Handelsmuseum wird für sich allein nicht viel zu diesem Zwecke thun können.

Doch treten wir dieser Frage etwas näher! Was ist es denn eigentlich, was zur Förderung unserer Ausfuhr, zur S c h a f f u n g eines nicht blos hanseatischen, sondern eines allgemein d e u t s c h e n W e l t h a n d e l s geschehen kann, geschehen muß? Wie hat sich Englands Welthandel gebildet, und worauf beruht sein Uebergewicht? Der Ausgangspunkt dieser Entwicklung ist das Zunehmen der heimischen Industrie an Tüchtigkeit und in der Art ihrer Leistungsfähigkeit; und hierzu sind allerdings die mitwirkenden Pionierdienste des Handels unentbehrlich. Es liegt im Interesse jedes überseeischen Kaufmannes sich auf die Production seiner eigenen Nation zu stützen; nur in einzelnen Ausnahmsfällen wird es ihm möglich sein, Fremdländer in den Erzeugnissen, welche diese von ihrem Vaterlande beziehen, auszustechen. Wenn z. B. deutsche Häuser von Manchester aus in überseeischen Plätzen Engländer in ihren eigenen Waaren unterbieten, so vermögen sie dies nur, weil sie eben anglisirt oder doch im englischen Geschäftsleben vollkommen acklimatisirt oder naturalisirt sind. Jeder tüchtige Geschäftsmann aber wird sich stets in der schon oben dargestellten Weise bemühen, Waaren dort zu beziehen, wo er zu Hause ist und wo er die besten Connexionen hat, denn er wird dort die meiste Aussicht auf Erfolg haben. Auf diese

Weise wird der heimischen Industrie nicht nur die Möglichkeit gewährt, concurrenzfähig zu werden, sondern auch Gelegenheit geboten, thatsächlich zu concurriren.

Einige Productionszweige allerdings, wie z. B. der Maschinenbau, die Eisenindustrie und andere, deren Artikel sehr voluminös sind, und deren Beurtheilung eingehende und auf praktische Erfahrung gegründete Sachkunde erfordern, werden den eben erwähnten Vortheil bestehender Handelsverbindungen nicht genießen können. Ihnen bleibt nur übrig, Theilhaber oder Vertrauensmänner ihrer Geschäfte auszusenden, welche in den überseeischen Ländern directe Verbindungen anknüpfen, und — was wohl noch wichtiger ist — zugleich die speciellen Kenntnisse und Erfahrungen sammeln, welche nöthig sind, um den fremden Verhältnissen und Anforderungen zu genügen.

Unsere specifisch deutschen Begriffe, Anschauungen und Schulkenntnisse den fremden Völkern der weiten Welt aufzuzwingen, wird uns natürlich nie gelingen. Das erste Erforderniß ist, daß unsere Industrie sich den Bedürfnissen der fremden Märkte, auf denen sie concurriren will, anpaßt. Eine zweite, weniger leicht durchführbare aber doch nicht weniger wichtige Forderung ist alsdann, daß unsere Industrie auch mehr und mehr bestrebt ist, ihre eigene Ehre hoch zu halten, daß sie vom größten bis hinunter zum kleinsten Fabrikanten sich bemüht, ihre gute deutsche Waare auch als deutsche in der weiten Welt zu verkaufen, daß sie nicht ihren eigenen Namen prostituirt, und um feiles Schandgeld fremde Marken auf ihre eigene, gute Waare prägt oder gar sich herabläßt, fremder schlechter Waare ihre eigenen, deutschen Stempel aufzuprägen, wie es noch so vielfach geschieht. Einführung eines Markenzwanges würde heute allerdings viele Geschäfte ruiniren, muß aber doch als ferneres Ziel im Auge behalten werden. Andere Forderungen wie: mehr Reellität der Lieferungen, mehr Sinn für die geschickte Aufmachung der Waaren, schließen sich den obigen Erfordernissen eng an. Der erste und wichtigste Gesichtspunct aber für die Hebung unseres Ausfuhrhandels bleibt die bessere Anpassung unserer Industrie an die Bedürfnisse und den Geschmack derjenigen Völker, die wir als Kunden erwerben möchten. Wir dürfen nie aufhören zu lernen und müssen das Gelernte richtig und geschickt anwenden.

Die zweite Kategorie von Maßnahmen zu demselben Zwecke richtet sich direct auf eine Förderung unseres activen Handelsbetriebes. Dieser wird sich dadurch heben, daß wir die wirthschaftlichen Interessen deutscher Handelshäuser und anderer deutscher Unternehmungen übersee stärken und mehren, sowie auch den Zusammenhang derselben mit der Heimath erhalten und befestigen. Im Wesentlichen geschieht dies durch die Zuführung neuer Kräfte und vermehrten Capitals, weniger und seltener zwar durch die Begründung neuer Handels-Unternehmungen, sondern viel mehr durch wirthschaftliche Anlagen, welche den commerciellen Einfluß der deutschen Interessen überseee heben, und dem deutschen Handel dort neue Consumenten zuführen oder seine alten Kunden kauf- und zahlungsfähiger machen.*) Es gilt, auf diese Weise deutsche Gesinnung unter unsern überseeischen Landsleuten, namentlich denen der älteren geistigen Generation, zu wecken und zu heben, ihr Interesse an einem weltwirthschaftlichen Aufblühn unseres heimischen Wirthschaftslebens und Zutraun zu unserer Leistungsfähigkeit zu mehren.

Was und wie dergl. am wünschenswerthesten zu unternehmen ist, das ist natürlich im Wesentlichen nur von denjenigen überseeischen Geschäftshäusern zu erfahren, deren deutsche Interessen eben gefördert werden sollen. Dies besser wissen zu wollen als Diejenigen, welche dies als ihre Lebensaufgabe betrachten und vielleicht Jahrzehnte lang die dazu nöthige Erfahrung gesammelt haben, wäre Thorheit. Es mögen sich da je nach Umständen Anlagen von Eisenbahnen oder Canälen, Dampferlinien, Flußschiffahrten, Bankgründungen, Agricultur-Unternehmungen, industrielle Anlagen und was dergl. mehr empfehlen, namentlich auch eigentliche Colonisation, wie ja auch die anderen erwähnten Capitalanlagen mehr oder weniger indirect dazu beitragen deutsche Auswanderer nach solchen Gebieten hinzuziehen und sie unter dem Einflusse solcher deutschen Capital-Unternehmungen deutsch zu erhalten in ihren Sitten, Gewohnheiten und Interessen — also auch in ihrem Consum.

Bisher war es unsern überseeischen Häusern garnicht oder doch nur in sehr beschränktem Maße möglich, deutsches Capital zu solchen Unternehmungen heranzuziehen. Vielen älteren deutschen Handlungshäusern fehlt es noch an aller deutscher Gesinnung, andere Häuser

---

*) Dies bewirken ganz besonders die Anlage und Verbesserung der Transport- und Verkehrsmittel. Diese und die durch sie bedingte Exportmöglichkeit sind in erster Linie entscheidend für den Wohlstand einer colonialen Ansiedlung, auch schon in ihrem ersten Stadium, der kleinbäuerlichen Periode.

aber, in denen schon das Selbstgefühl deutscher Nationalität erwacht und ein Interesse für das Wirthschaftsleben der Heimath lebendig ist, stehen demselben völlig rathlos gegenüber. Versuchten sie es bisher derartige Unternehmungen in Deutschland anzubieten, so fanden sie höchstens in Hamburg und Bremen eine günstige Aufnahme, bei unsern inländischen Börsen trafen sie allemal nur sehr wenig Sinn und Verständniß für überseeische Interessen; ein nennenswerthes Capital für dergl. war bis vor Kurzen im Innern Deutschlands nicht zusammen zu bringen. Die Folge davon war, daß man sich regelmäßig genöthigt sah, sich mit diesen Unternehmungen nach London zu wenden oder etwa nach Paris oder New-York; und darin liegt im Wesentlichen das Geheimniß des Uebergewichtes, welches diese Nationen im Welthandel über uns haben. Das Wesen namentlich der weltwirthschaftlichen Macht Englands liegt in der Art der Verwendung seines Capitals, nicht etwa in der absoluten Größe desselben, die ja erst das Ergebniß solcher Verwendung ist. Wir haben überleibig genügend Capital um eine deutsche Weltwirthschaft zu inauguriren, wenn wir nur den nöthigen Sinn und den freien Blick hätten, um dasselbe in einem weiteren, weltumfassenden Wirkungskreise zu bethätigen.

Der richtige Weg für unser Vorgehen ist hiernach unschwer zu erkennen. Es muß unser Streben sein, sichere und außergewöhnlich rentable Unternehmungen der bezeichneten Art den fremden Geldmärkten, den Engländern, Franzosen und Yankees vorweg zu nehmen. Wir sollten suchen, die Conzessionen dazu, Verkaufsrechte ꝛc. für einige Zeit an die Hand zu bekommen und dann in Deutschland das nöthige Capital und die sonst dazu erforderlichen Kräfte zusammenzubringen. Der Ausgangspunkt dieser zweiten Gattung, der auf die Schaffung deutschen Welthandels gerichteten Bestrebungen, ist, unserm inländischen Capitale wirthschaftlichen Sinn einzuflößen und demselben einen weiten, überseeischen Wirkungskreis zu eröffnen.

Noch in einer anderen, bisher nicht erwähnten Weise stützt und fördert das englische Capital den englischen Welthandelsbetrieb mächtig in allen überseeischen Ländern; und dieser Gesichtspunkt ist von solcher maßgebenden Bedeutung, daß er als dritter speciell hervorgehoben zu werden verdient. Es ist dies der Londoner Credit, der vielleicht mehr als irgend etwas anderes dazu beiträgt, die Weltwirthschaft mehr und mehr für England zu monopolisiren und den Verkehr der ganzen überseeischen Welt zu anglisiren. Auch die riesigen

Erforderniß billigerer überseeischer Massenproduction.

Weltverkehrsmittel Englands sind nur dadurch ermöglicht, daß Londons Geldmarkt der commercielle Mittelpunkt der heutigen Welt ist. Diese Thatsache freilich ist in Deutschland durchaus anerkannt und beschäftigt schon seit Jahren die lebhafte Aufmerksamkeit unserer hohen Finanzkreise. Man hat gar oft beobachtet, daß deutsch gesinnte Geschäftshäuser übersee genöthigt sind, ihren Handel in England zu concentriren, weil sie für ihre Producte in Deutschland keinen Markt, keine genügende Nachfrage und für ihren Wechselbedarf keinen deutschen Credit oder für ihre deutschen Wechsel übersee keine Abnehmer finden. Bedeutende Banken mit genügenden Capitalmitteln sind seit längerer Zeit nach Kräften bemüht, diesem Verderben drohenden Uebelstande abzuhelfen. Schwere Opfer sind zu diesem Zwecke gebracht worden, auch Mißgriffe wurden gemacht und einzelne Geschäfte, einzelne Filialen, mißglückten; zeitweilige Entmuthigung war die Folge, die diesen Absichten zu Grunde liegende Idee aber ist nicht verdorben, und es ist zu wünschen, daß diese unsere großen tonangebenden Banken in ihrem Streben nicht nachlassen mögen, bis sie von endlichem Erfolge gekrönt sein und unserm nationalen Wirthschaftsleben die weite Welt erschlossen haben werden.

Fragen wir jedoch, was ist der Grund der Vergrößerung dieses Erfolges? und was können wir, das deutsche Volk, thun, um schneller zum Ziele zu helfen? so kann die Antwort hier wiederum nur lauten: Unser Volk, d. h. die tonangebenden Kreise unseres gebildeten Publicums, halten den europäischen Continent für „die Welt", kennen aber meist die große, überseeische Welt nur aus Vorlesungen und Reisebeschreibungen, ohne den Werth und die maßgebende Bedeutung derselben für die Gegenwart und Zukunft der europäischen Völker wirklich zu begreifen. Das kann sehr wohl anders werden, wenn wir die immensen Kräfte an Capital und Intelligenz, welche wir thatsächlich heute schon besitzen, mehr auf diese überseeische Welt hinlenken, wenn wir den Namen, die Flagge und den Credit des deutschen Handels mehr in der weiten Welt bekannt machen, und wenn wir — was die Hauptsache — durch massenhafte, billigere, überseeische Production uns in den Stand setzen, deutsche Credite direct zu decken und so nach und nach deutsche Handelsplätze zu Weltmärkten machen an Stelle der englischen. Diesen Gesichtspunkt massenhafter und womöglich billiger als die heutige hergestellter Production der sogenannten Colonialwaaren mit deutschem Capital und unter deutscher Leitung, das ist der Aus=

Die rechten Pioniere unserer Cultur und unseres Handels. 19

gangspunkt, von welchem aus sich auch das deutsche Bank- und Creditwesen wird überseeisch gestalten lassen. Diese Production ist der stärkste Hebel zur Hebung unseres Welthandels; und es ist deshalb nachher noch näher auf die Bedeutung und Wirkung derselben einzugehen.

Alles hängt für unsere wirthschaftliche Entwicklung jetzt von der Erweiterung des praktischen Horizontes in den Kreisen unseres tonangebenden Capitals ab. Ist erst der rechte weltwirthschaftliche Unternehmungsgeist bei uns erwacht, und haben wir uns die commercielle Herrschaft über weite, ferne Ländergebiete erworben, dann werden auch unsere capitalreichen Gesellschaftskreise, unsere Bankiers, unsere Fabrikanten und unsere Unternehmer ganz anders als heute über die Verwendung ihrer wirthschaftlichen Kräfte denken. Die Söhne dieser Männer aber werden alsdann, wie es seit Jahrhunderten von England, von Holland und auch von unseren Hansestädten aus geschieht, voll initiativer Kraft in die weite Welt hinausziehen; sie werden dort in fernen Landen die Pioniere unserer Cultur und unseres wachsenden Wohlstandes sein; sie sind die rechten Vorkämpfer unseres Handels draußen und unseres Gewerbefleißes daheim. Sie werden sich aller Orten festsetzen, wo noch nicht deutscher Welthandel blüht, sei es daß dort noch der Einfluß fremder Nationalitäten dominire, sei es daß dort europäischer Handel überhaupt noch nicht zur Herrschaft gelangt ist. Sie werden ihren eigenen Vortheil darin erkennen, sich im Wesentlichen auf die Erzeugnisse deutscher Industrie zu stützen, und durch die Anpassung deutscher Production an überseeischen Geschmack und Bedürfnisse die gangbaren fremden Waaren verdrängen.

Heute noch ist der deutsche Welthandel verschwindend gegen denjenigen Englands. Nur die „kommende Generation" unseres Volkes vermag in nächster Zukunft den Grund zu legen, auf welchem sich dies Verhältniß umgestalten wird. Jener Welthandelsgeist, welcher England und Holland sowie auch unsere Hansestädte groß und reich gemacht hat, dieser Geist allein kann auch Deutschland groß und reich machen. Ehe nicht dieser Geist Hamburgs und Bremens die intelligenten Kreise unseres ganzen Volkes durchdringt, eher werden wir nie von Englands Welthandel unabhängig, werden nie zu einer selbstständigen Weltculturmacht werden.

Im Vergleich zu solcher gewaltigen, naturgemäß wachsenden Entwicklung erscheinen alle symptomatischen Mittelchen nur als

Kinderspiel. Wirthschaftsverhältnisse, m. H., lassen sich in der That nicht schablonenmäßig machen, nicht wie ein Uhrwerk aufziehen; vor allem aber läßt sich die Weltwirthschaft nicht militärisch, nicht bureaukratisch betreiben. Nur ein freier Geist leitet und gestaltet die Civilisation des Menschengeschlechts.

Wie schon erwähnt, gehören alle überseeischen Unternehmungen in das Gebiet der **Colonisation** oder doch extensiver Cultivation im weiteren Sinne des Wortes.*) In ganz besonderem Maße aber muß hier die eigentliche Colonisation hervorgehoben werden, also die Verwendung deutscher Auswanderer, die überseeische Ansiedlung derselben im Anschluß an wirthschaftliche Capital-Unternehmungen der verschiedensten Art. Dadurch wird nicht nur unser Export in directester Weise vermehrt, sondern ganz vor allem auch weltwirthschaftlicher Sinn in unserm Volke daheim geweckt sowie Macht und Einfluß des Deutschthums in überseeischen Ländern gesteigert.

*) Das Wort „Cultivation", welches jeden Proceß bedeutet, der zur Cultur führt, sollte von uns, ebenso wie von den übrigen civilisirten Völkern, so gut im ideellen, wie im materiellen Sinne gebraucht werden. Soviel öfter, wie das Wort „Cultur" von uns im ideellen Sinne als in der materiellen Bedeutung des Bodenbaus als „Agri-cultur" gebraucht wird, ebenso viel mehr sind wir berechtigt, auch den ideellen Culturproceß als „Cultivation" in den weiteren Sinn des Wortes einzuschließen. Der ganze Inbegriff der Cultivation ist das Werden der Civilisation, die ja eben auch materiell und ideell ist. Das bisher bei uns dafür gebrauchte Wort „Civilisirung" ist nicht nur eine geschmacklose Wortbildung, sondern hat auch den Nachtheil, fast ausschließlich die ideelle Seite dieses Culturprocesses zu bezeichnen.

Der inneren Cultur-Entwicklung einer Nation steht ihre extensive Cultivation ergänzend zur Seite; und zwar umfaßt dieser Begriff also alle culturellen Bethätigungen der Nation nach außen, materiell und ideell, ihre gesammte auswärtige Handels- und Wirthschaftspolitik, ihren Welthandel und ihre weltwirthschaftlichen Unternehmungen. Nationale Colonisation ist ein politisch wichtiger Theil dieses extensiven Strebens, wirthschaftlich aber ist sie doch nur eine untergeordnete und mit großer Vorsicht zu empfehlende Bethätigung desselben und ist culturell nur gleichberechtigt neben allen möglichen anderen Arten überseeischer Unternehmungen mit nationalem Capital und nationalen Geistes- und Arbeitskräften. Cultivation im eigentlichen und engeren Sinne des Wortes endlich nenne ich diejenigen Unternehmungen, deren Rentabilität auf der Cultur-Entwicklung (Cultivation) tropischer, für europäische Arbeiter nicht bewohnbarer Länder und auf der Cultur-Erziehung (Cultivation) der dort lebenden Naturvölker durch Verwendung ihrer Arbeit zur Bodencultur mit unserem Capital und unserer Intelligenz basirt.

Auf dem weiten Gebiete überseeischer Colonisation sind überall mehr oder weniger scharf drei verschiedene Arten oder Entwicklungs-Perioden zu unterscheiden, die sich ihrem Wesen nach die eine auf die andere aufbauen und stützen müssen:

1. Kleinbäuerliche Colonisation,
2. Großbetrieb mit Export-Production,
3. Land-Speculation.

Land-Speculationen — um das vorweg zu nehmen — können nur durch eigene oder fremde Colonisation realisirt und rentabel gemacht werden. Die Steigerung des Landwerthes, auf der die Speculation beruht, kann nur durch culturelle Hebung des Landes geschehen. Die Schaffung dieser culturellen Grundlagen aber für den Großbetrieb eines vielseitig entwickelten Wirthschaftslebens mit Landbau, Industrie und Welthandelsverkehr ist natürlich das eigentliche Ziel der Colonisation; durch Speculation und irgend welche künstliche Gestaltung jedoch läßt sich dieses Ziel nicht erreichen, sondern nur durch eine naturgemäße, organische Entwicklung der vorhandenen, wirthschaftlichen Hülfsquellen des Landes vermittelst menschlicher Arbeit. Allerdings ist ein schneller Aufschwung zum großen Export-Betriebe ohne eine vorherige, längere Entwicklung kleinbäuerlicher Ansiedlung wohl möglich im Anschlusse an eine bestehende staatliche Organisation, wie z. B. in den Vereinigten Staaten und den genannten brittischen Colonien. Dies beweisen zur Genüge die dort mit Erfolg colonisirenden großen Eisenbahn- und Land-Gesellschaften. Auch diese Unternehmungen jedoch haben in der Regel eine kürzere Periode der Kleinbäuerlichkeit durchzumachen. In einem noch sehr unentwickelten Coloniallande aber ist das längere Andauern dieser Periode ganz unerläßlich. Indessen kann dieses an und für sich durchaus nicht als ein Nachtheil gelten; denn je mehr eine Colonisation sich der naturgemäßen Entwicklung menschlicher Cultur überhaupt anschließt, desto gesünder und lebensfähiger wird sie sich gestalten.

Der Unterschied dieser beiden hauptsächlichsten Perioden colonialer Entwicklung, der kleinbäuerlichen und der Export-Production, wird sofort klar, wenn man die Verhältnisse Süd-Brasiliens mit der Colonisation in den Vereinigten Staaten vergleicht. Betrachten wir z. B. die brasilische Provinz Santa Catharina, in welcher durch deutsches Capital und deutsche Arbeitskraft das Prototyp kleinbäuerlicher Colonisation unter schwierigen Verhältnissen mit bestem Erfolge durchgeführt worden ist. Ich meine vor allem die Colonien des hamburger „Colonisations-Verein von 1849," Dona Francisca und São Bento, sowie auch viele andere deutsche Ansiedlungen dort, die bekannte Colonie Blumenau und eine größere Zahl solcher Niederlassungen weiter südlich. Die Entwicklung dieser meistens erst innerhalb der letzten 30 Jahre begonnenen Colonien steht natürlich an Reife noch weit hinter den Weststaaten Nord-Amerikas zurück; an Gesundheit und Kraft ihrer Entwicklungs-Fähigkeit aber dürften sie den letzteren um ein Beträchtliches überlegen sein.

Ein wichtiger Unterschied ergiebt sich für die verschiedenen Perioden der Colonisation u. a. im Betreff der Verantwortung für die Kosten derselben, resp. für die Verpflichtung der Landesregierung diese Kosten zu tragen oder zu denselben beizusteuern. Keine Regierung wird natürlich mehr Unterstützung gewähren, als sie ein Interesse an den Erfolgen solcher Geldaufwendungen hat.

Die Land- und Eisenbahn-Gesellschaften z. B., welche in den Vereinigten Staaten colonisiren, erhalten von der Regierung zwar ausnahmsweise Landschenkungen, aber keine Geldbeiträge zu ihrem Kostenaufwande. Das was die Unions-Regierung seit 100 Jahren durch die Schaffung civilisirter Grundlagen für die Colonisation ihres Gebietes geleistet hat und was sie noch täglich an Kosten zur Erhaltung und weiteren Ausbildung ihrer staatlichen Organisation aufwendet, entspricht mindestens dem Interesse, das sie an der Culturarbeit jener Gesellschaften hat, wenn es dieses Interesse nicht gar übertrifft. Von diesem enormen Kostenaufwande ist unzweifelhaft einem jeden neuen Ansiedlungs-Unternehmen dort sein Theil in Rechnung zu bringen; auch hat ein solches Unternehmen in Nord-Amerika ja einen ganz anderen Rückhalt an den wohl-organisirten Wirthschaftsverhältnissen der Union mit einer Bevölkerung von 50 Millionen Menschen, als in den Staaten und Provinzen Süd-Amerikas mit weit ausgedehnten Wildnissen ohne Verkehrsmittel und mit nur je einigen Hundert Tausend Einwohnern. Diese Provinzen werden ihre künftige Organisation erst solchen Unternehmungen zu verdanken haben.

Diejenigen Colonisations-Gesellschaften, welche den Grund zur staatlichen Entwicklung eines Landes legen, haben sicherlich die schwerste Arbeit derselben, die Regierung des Landes aber hat den größten und längst andauernden Vortheil von dieser Entwicklung. Es ist daher logisch wie praktisch nothwendig und gerecht, daß die Regierung

solches werdenden Staates den größeren Theil zu den Kosten dieser
Colonisations-Arbeit beizutragen hat. Diese Sachlage haben auch jene
hamburger Kaufherrn, von denen vor nunmehr 32 Jahren die Colonie
Dona Francisca gegründet wurde, sehr richtig herausgefühlt. Im
Bewußtsein der vollkommenen Gerechtigkeit ihrer Forderungen ist es
ihnen gelungen, allen widerstreitenden Anschauungen und Interessen
zum Trotz die kaiserlich brasilianische Regierung zur Gewährung der
erforderlichen Beiträge, zur Erfüllung ihrer colonisatorischen Staats-
aufgaben zu veranlassen. Jeder Einsichtige wird diesen Männern
ihren gerechten Erfolg gerne gönnen.

Durch die ruhige und stetige Entwicklung Süd-Brasiliens, namentlich
auch in der südlichsten Provinz Rio Grande do Sul, scheinen
übrigens diese Landestheile bereits annähernd soweit herangereift zu
sein, um in die nächst höhere Entwicklungs-Phase einzutreten. In
der letztgenannten Provinz ist auch thatsächlich schon mit Eisenbahnbau
und anderen Verkehrsanlagen in größerem Maßstabe begonnen worden;
leider aber immer noch nicht genug mit deutschem Capital und deutscher
Intelligenz, sondern mehr mit französischen und brasilischen Kräften.
Auch liegen die meisten der deutschen Colonien dort noch viel zu weit
von diesen Verkehrsmitteln entfernt und entbehren einer genügenden
Seehafen-Verbindung, um schon durch die jetzigen Verkehrsanlagen in
den Welthandelsbetrieb hineingezogen zu werden.

In Santa Catharina scheinen die Verhältnisse zu solcher Fort-
Entwicklung im Ganzen noch günstiger zu liegen. Eine Eisenbahn-
Anlage zur weiteren Erschließung dieser Provinz in Anknüpfung an
die dort bestehenden Ansiedlungen, sowie die Anlage eines größeren
Seehafens würde dort vielleicht eine noch sichrere und bessere Aussicht
auf Rentabilität gewähren als weiter südlich, obwohl auch ein weiterer
Ausbau der deutschen Colonisation in Rio Grande mit derartigen
Mitteln sicherlich zu empfehlen ist. Eine Exportbetriebs-
Colonisation des an solcher Bahn gelegenen Landes in der Art
wie dies in den Vereinigten Staaten geschieht, hat dort weder große
Schwierigkeiten zu überwinden, noch großes Risico zu laufen. Auch
rationelle Land-Speculationen in größerem und größten Maßstabe
würden sich sehr bald ganz von selbst daran anschließen und mehr
oder weniger mühelose Erfolge erzielen.

Manche andere derartige Chancen, und zum Theil vielleicht noch

24 Vorzüge tropischer Cultivation vor eigentlicher Colonisation.

bessere als diese, bieten sich unserm Capitel auch in anderen Gegenden Süd-Amerikas. Doch genug davon!

Soweit also die Colonisation im gemäßigten Klima! Weit vortheilhafter noch in jeder Beziehung, financiell wie culturell, stellen sich unsere Chancen für tropische Cultivation. *)
Die Cultivation der Tropenländer und ihrer Naturvölker ist, wie ich dies in meiner „Ueberseeischen Politik" **) statistisch nachgewiesen habe, sowohl rentabler, als auch entwicklungsfähiger und von länger andauerndem Vortheil als eigentliche Colonisation. Diese mag allerdings wohl gegenwärtig für uns ein ganz besonders und unmittelbar drängendes Bedürfniß sein, und ist auch in der Regel von größerem politischen Werthe, zunächst nationalpolitisch, dann auch culturpolitisch; Cultivation aber steht weit höher als Colonisation an wirthschaftlichem Werthe und an culturellen Erfolgen.

Welch' wesentlich größeres Maß an Reichthum und Culturleistungen könnte z. B. Holland aufzuweisen haben als die, deren es sich heute rühmen darf, wenn ihm England 1814 mit seinen ostindischen Cultivationen auch seine Capcolonie zurückgegeben hätte? Sicherlich keine! Allerdings würde alsdann die nationalpolitische Bedeutung und der Einfluß der europäischen Machtstellung Hollands heute vielleicht etwas größer sein; die Quelle der in Niederland vorhandenen Culturkräfte aber war lediglich die materielle und ideelle Cultivation in Java und Madura, Sumatra, Celebes u. s. w. Derartige Leistungen wären in den süd-afrikanischen Besitzungen kaum möglich gewesen, jedenfalls aber in einer eigentlichen Colonie als solcher, wenn überhaupt möglich, doch nie von belangreichem Einflusse geworden.

---

*) Hierin haben mir auch alle maßgebenden Blätter unserer Hansestädte beigestimmt. Sogar die „Weser-Zeitung" sagt im Leitartikel ihrer Wochen-Ausgabe „Nro. 796 vom 13. August 1881: „Giebt es irgendwo ein zweites Indien, ein zweites Java in Besitz zu nehmen, so ist gewiß alle Welt dafür dankbar." Nun sind ja, wie Jedermann weiß, die Tropenregionen der Erde bis heute kaum zum 10. Theil ausgebeutet und solcher Länderstrecken, aus denen sich gleicher Vortheil ziehen ließe, wie ihn England von Indien, Holland von Java genießt, giebt es noch in großer Zahl und Ausdehnung; das günstigste und reichste Land dieser Art aber, ein solches Java, ein solches Indien, wird auch von den Engländern seit Jahren als solches begehrt, — Aequatorial-Afrika.

**) Vergl. „Ueberseeische Politik" (1881) Seite 77—81 und „Deutsche Colonisation" Seite 71—72.

Der wirthschaftliche Vortheil, den das Stammland von solchen überseeischen Unternehmungen hat, seien sie nun eigentliche Colonisation oder Cultivation, ist nicht etwa die überseeische Ansiedlung als solche, sondern der Erwerb neuer Hülfsquellen und neuer zahlungsfähiger Kunden für die heimische Industrie, also die Consumtion und Production der durch solche Unternehmungen commerciell erworbenen oder erschlossenen Gebiete. Die Zahl der zu gewinnenden neuen Consumenten ist aber in einem Cultivationsgebiete, wie etwa Afrika, ungleich größer als in Colonialländern, wie die südlichen Theile Süd-Amerika's. Wenn etwa mehrere deutsche Colonisations-Gesellschaften auch 20 Jahre lang nach diesen letzteren Gegenden so viele deutsche Ansiedler hinsenden, wie ihnen nur möglich, so wird es doch schon ein ganz außerordentlicher Erfolg sein, wenn es ihnen gelingt, im Ganzen einige Hunderttausend Auswanderer dort anzusiedeln — eine Bevölkerung von der Größe, aber lange nicht von der Consumfähigkeit einer größeren deutschen Stadt. In demselben Zeitraume aber können wir in Afrika viele Millionen Neger unter den Einfluß unserer Cultur und unseres Handels bringen.

Ueberdies ist der Handelsbetrieb mit dieser letzteren 100fachen Zahl von Consumenten auch noch um ein mehrfaches gewinnbringender als der mit jenen Colonisten. Ein normaler, gesunder Handelsverkehr mit Naturvölkern ergiebt einen viel größeren Procentsatz an Reingewinn als der Handel mit Völkern europäischer Rasse. Ferner sind die Consumenten in Afrika schon dort an Ort und Stelle, während wir die Auswanderer nach den Colonialländern erst hinschaffen müssen. Und es ist für unsere deutschen Nationalanlagen und Fähigkeiten leichter, vor allem aber auch weniger kostspielig, jene (die Neger) productions- und zahlungsfähig zu machen, als diese (die Auswanderer) überseeisch anzusiedeln und sie gleichfalls zu einiger Consum- resp. Kauffähigkeit zu erheben. Diese letztere Frage der Größe des Anlage-Capitals ist für solche überseeischen Unternehmungen heute noch in Deutschland kein so geringwiegender Umstand. Tropische Cultivation erfordert aber kaum die Hälfte des privaten Anlage-Capitals, ohne welches in deutscher Colonisation nennenswerthe Erfolge nicht zu erwarten sind.

Die Möglichkeit einer Begründung eigener Colonien endlich ist heute wenigstens nicht abzusehen; zur Cultivation dagegen liegt uns nicht nur eine große Auswahl, sondern sogar das allergünstigste

Land noch herrenlos offen; ich meine Aequatorial=Afrika, das in seinen wesentlichsten Theilen nach den Begriffen der Civilisation neutrales Land ist, und dessen westliche wie östliche Küsten auch unschwer staatspolitisch zu erwerben sind. Wie und wo speciell solches Unternehmen zu beginnen sein wird, liegt für jeden Sachverständigen auf der Hand, entzieht sich jedoch selbstverständlich der öffentlichen Erörterung. Gründen wir uns in jenen Regionen ein deutsches Ethiopien, analog dem brittischen Indien Englands, wir werden weit mehr materiellen und ideellen Nutzen daraus ziehen als die Britten; und doch ist der Gewinn, den diese Nation aus ihrem indischen Reiche zieht, auf mindestens 600 Millionen Mark jährlich zu schätzen. *)

Der materielle Nutzen, den wir aus einer systematischen Cultivation des tropischen Afrikas ziehen können, wird hauptsächlich aus folgenden Gründen noch bedeutend größer sein, als der Ertrag Brittisch=Indiens:

1) Aequatorial=Afrika ist im Gegensatze zu Indien ein jungfräuliches, reiches Naturland, nicht ausgebeutet, nicht entwaldet, nicht von Dürren und Hungersnöthen heimgesucht, auch nicht in seiner civilisatorischen Entwicklung durch die culturfeindlichen Lebensanschauungen des Buddhismus, noch durch das Kastenwesen des Brahmaismus oder durch den sclavenzüchtenden Islam behindert; die vorurtheilsfreien Naturvölker Afrikas fügen sich vielmehr erfahrungsgemäß leicht und gerne den erzieherischen Einflüssen europäischer Cultur.

2) Ferner finden wir in Afrika die bei weitem beste und billigste Arbeitskraft für tropische Production. Das Indenture-System (Betrieb mit angeworbenen Arbeitern), **) mit welchem die Britten und andere Colonialnationen heute die Cultivation der Tropenländer betreiben, ist in keinem Lande so gut am Platze und so leicht durchzuführen, wie gerade im tropischen Afrika. Bei einer solchen

---
*) Dieser Betrag setzt sich folgendermaßen zusammen:
Gewinn an der brittischen Ausfuhr nach Indien = 210 Millionen M. jährlich,
„   „   „   Einfuhr von dort ... = 110   „   „   „
Regierungsrimessen an Salairen, Renten, Pensionen, garantirten Zinsen ꝛc. .... = 180   „   „   „
Erwerb der in Indien ansässigen Britten ..... = 100   „   „   „
zusammen = 600 Millionen M. jährlich
im Durchschnitt des Jahrzehnts 1868—77; vergl. meine „Ueberseeische Politik" Seite 99 und 206.
**) Vergl. hierüber mein „Ethiopien", 1879 Seite 313—322 und sonst.

Culturelle u. financielle Verwendung unf. Nationalanlagen. 27

systematischen Verwendung der afrikanischen Stämme im dortigen Landbau ist uns nicht nur der Erfolg einer culturellen Hebung dieser Rasse, sondern vor allem auch ein bisher nicht gesehener financieller Erfolg sicher. Es ist bekannt, daß die Engländer sich in die niederen Culturstufen fremder Rassen nicht hineindenken können, sondern denselben nur die europäischen Cultur-Ideen des 19. Jahrhunderts, für die doch der Naturmensch oder Halbbarbar weder Sinn noch Verständniß hat, fix und fertig aufzudrängen suchen, und deshalb wenig Erfolge in der Cultivation ihrer fremdrassigen Unterthanen erzielen.*) Ganz Anderes haben schon die Holländer in Java geleistet mit ihrer Trennung der Competenz der Rassen. Wir Deutsche aber haben uns bisher keiner anderen Nation an Organisations-Talent nachstehend bewiesen, und haben sicherlich mehr als irgend ein anderes Volk der Erde besondere Anlagen und Erfahrungen für alle erzieherischen Aufgaben, und sei es auch die höchste derselben, die Cultur-Erziehung fremder Rassen. Mit der uns eigenen ausdauernden Geduld, Klarheit des Geistes, energischer Anwendung der Mittel, und nicht zum wenigsten mit unserm Idealismus haben wir Deutsche schon so Manches vor andern Völkern geleistet. Wenn es irgend einer europäischen Nation gelingen wird, diese große civilisatorische Aufgabe zu erfüllen und den materiellen wie den ideellen Vortheil derselben zu genießen, so kann dies nur die deutsche sein.

Annähernd kann uns Java's Blüthezeit von 1835—1875**) eine

---

*) Dies ist eine Thatsache, die in England ziemlich allgemein, jedenfalls aber von Männern beider Parteien anerkannt wird. Der schärfste Ausspruch solcher Selbstkritik findet sich bei Sir George Campbell (langjährigem Gouverneur von Bengalen): „Dasjenige Land, welchem die Herrschaft über Indien zugefallen „ist, scheint von allen europäischen Ländern gerade dasjenige zu sein, dessen Ein„richtungen und Begriffe heutzutage am wenigsten für solche orientalisch-patri„archalischen Verhältnisse passen". (»Systems of land tenure«, Cobden Club 1870 India pg. 199.) Solche Aeußerungen finden sich in fast allen englischen Schriften und Artikeln über Indien, eine der neusten dieser Art 3. B. im Spectator vom 22. Octb. 1881 pg. 1336.

**) Der Gewinn, den das niederländische Volk in diesen 40 Jahren aus seinen ostindischen Besitzungen, resp. aus Java und Madura allein, gezogen hat, beläuft sich, rund gerechnet, auf: Handelsgewinn aus dem Weltverkehr .. 4000 Mill. ℳ,
„   „   „   „   Localverkehr .. 1000   „   „
Ueberschüsse der Verwaltung, remittirt .. 1000   „   „
zusammen .. 6000 Mill. ℳ
oder durchschnittlich per Jahr 150 Millionen Mark. Vergl. hierzu meine „Ueberseeische Politik" Seite 95 und 108.

Vorstellung gewähren von den culturellen und financiellen Erfolgen, die zu erzielen uns in Afrika möglich sein wird. Die Tropen dieses Erdtheils sind ungleich größer und mindestens ebenso üppig-reich wie das niederländische Indien; und mit den afrikanischen Arbeitskräften im eigenen Lande verwendet, werden wir voraussichtlich die gesammte Colonialwaaren-Production der Erde durch billigere Herstellung weit unterbieten können.*) Anstatt wie jetzt die größten Massen unseres Bedarfs von England und Holland zu beziehen, werden wir alsdann diese Länder mit solchen Waaren versorgen können. Diese „echten Freihändler" werden alsdann einen großen Theil ihres Consums durch unsere Production decken. Der Gewinn-Ueberschuß, den unsere Nation allein dadurch erzielen mag, kann ein enormer werden, ganz abgesehen von den staatspolitischen und einer Reihe anderer wirthschaftlicher Vortheile.

Durch die zunehmende Heranbildung der Neger zur Arbeit und zur Cultur wächst nothwendig auch ihr Verbrauch unserer europäischen Producte, mit der naturgemäß steigenden Höhe und Menge der zu bezahlenden Arbeitslöhne und mit der zunehmenden eigenen Production der Neger wird sich in gleichem Verhältnisse auch unser Export dorthin mehren. — Und hierin eben liegt einer der wesentlichsten Vortheile solcher Cultivation über eigentliche Colonisation.

Ganz besonders bietet auch ein solches Ethiopien unserm Volke die besten Chancen, seine gefährlichsten Elemente günstig zu verwenden; ich meine die geistige Ueberproduction unserer oberen und mittleren Classen an mittellosen Intelligenzen, die in ihrer Hoffnungslosigkeit voranzukommen unsere bestehende Cultur- und Gesellschaftsordnung am schärfsten bedrohen. Tausende von Beamten und Officiren werden in einem solchen Deutsch-Ethiopien zu verwenden sein und Zehntausende tüchtiger, junger Privatleute in Unternehmungen aller Art, junge Gelehrte und Ingenieure, Kaufleute und Gewerbetreibende — natürlich nicht als Ansiedler zu bleibendem Aufenthalte, — sondern so wie dies von England in Indien, von Holland in Java, ja auch von Hamburg und Bremen aus in allen Theilen der tropischen Welt mit derartigen Kräften geschieht.

Obwohl Aequatorial-Afrika mit seinen vier Jahreszeiten klimatisch bedeutend günstiger für die europäische Constitution ist als die

---

*) Vergl. mein „Ethiopien" (1879) das III Buch: „Afrikanische Agricultur" und im IV Buch die Abschnitte 14 und 15.

unter oder näher den Wendekreisen gelegenen Länderstrecken mit ihrer
bruttig-heißen Regenzeit, so wird doch auch dorthin eben des Klimas
wegen kein Sachverständiger daran denken, deutsche Auswanderer hin-
zusenden, weil diese dort im Freien und der Sonne ausgesetzt nicht
arbeiten können. Indessen würden wir durch eine Cultivation dieses
Landes, durch Hebung der Productivität desselben und durch dessen
Gewinnung als Absatzgebiet für deutsche Industrie unser heimisches
Wirthschaftsleben der Art steigern, daß dadurch eine Auswanderung
wenigstens der ärmsten Theile unserer Bevölkerung ganz überflüssig
werden wird. Kein Land ist so sehr geeignet für den deutschen
Absatz wie gerade Afrika mit seinen Millionen arbeitsfähiger und
arbeitender Naturvölker. Jetzt ist dieser Handel nicht möglich, weil
richtige Production im Lande fehlt; wird diese erst durch den massen-
haften und billigen Anbau tropischer Producte in's Leben gerufen
sein, dann werden wir dort irgend welche deutschen Waaren jeder
Qualität bei nur einigermaßen hübscher Aufmachung absetzen können,
desto besser je billiger sie sind. Dann werden der Arbeiter in Deutschland Mehr nöthig sein, als daß irgend ein Proletarier ohne Arbeit
und reichliches Brot bei uns umherzuwandern oder gar auszuwandern
brauchte.*)

Wichtiger jedoch als dieses Alles erscheint mir der größere culturelle Erfolg, den uns eine ideelle und materielle Cultivation Afrikas
verspricht. Gelingt es uns, die Völker Aequatorial-Afrikas soweit
durch Arbeit zu erziehen, daß sich dort eine eigenartige Cultur entwickelt, wie etwa in Java unter den Niederländern, wenn alsdann
dieser „dunkle Continent" endlich als selbstständiges Glied in den Kreis
der Civilisation eintreten wird, — dann wird das Deutschthum
unserer Tage sich allein damit schon ein Denkmal, einen bleibenden
Platz in der überseeischen Cultur-Entwicklung des Menschengeschlechts
gesichert haben.

Näher liegend freilich und auch für die Gegenwart wichtiger
ist allerdings die unmittelbare Anregung, welche der Erfolg, ja schon
die Begründung eines solchen weitgehenden Unternehmens auf die

---

*) Die wohlhabenderen Auswanderer freilich werden nach wie vor aus
ideellen und politischen Gründen auch dann noch fortziehen; und diesen sollte
allerdings jetzt der Weg zu der von ihnen erstrebten freieren Entwicklung in
deutschen Ansiedlungen in gemäßigtem Klima fremder Erdtheile angebahnt
werden.

Phantafie der höheren wie der niederen Lebenskreife unferes Volkes üben wird. — Deutfche Colonifation und Cultivation in überfeeifchen Ländern find zugleich die beften Mittel, um den echt deutfchen Charakter und die tüchtigften Eigenfchaften des deutfchen Wefens zu entwickeln und zur Geltung zu bringen. Sie werden uns als Urfache und als bleibendes Merkmal der geiftigen Wiedergeburt unferes Volkslebens dienen — mehr als irgend ein anderes denkbares Ereigniß unferer künftigen Gefchichte.

In erfter Linie, m. H., hängt alfo die weltwirthfchaftliche Zukunft und die fpätere Weltftellung unferer Nation davon ab, daß unfer Capital und unfere Intelligenz ihren praktifchen Wirkungskreis erweitern und unferm Volk vorangehen — hinaus in die weite, überfeeifche Welt. Alle hier erwähnten Mittel und Wege führen mehr oder weniger direct zu unferm Ziele, und zwar in fteigender Progreffion nach der Reihenfolge, wie ich fie hier aufgeführt habe. Die bewegende Triebkraft in ihnen allen aber ift der Geift, welcher mehr und mehr die Civilifation des Menfchengefchlechts als eines folidarifch fich entwickelnden Ganzen in friedlichem Verkehr verwirklicht. Das, m. H., ift die treibende Kraft aller Weltwirthfchaft; — das ift

Welthandelsgeift!

Druck von Ackermann & Wulff in Hamburg.

Verlag von L. Friederichsen & Co. in Hamburg.

Im Jahre 1879 erschien:

ETHIOPIEN,
Studien über West-Afrika,
von
Hübbe-Schleiden, Dr. J. U.,
mit einer neu entworfenen Specialkarte.
Octav, 412 Seiten, ℳ 10.

Inhalt: **Französische Colonisation.**
1. Die Franzosen und die Neger.
2. Die Buchten von Gabon und Corisco.
3. Der ethiopische Handel und seine Hindernisse.

Ethiopische Ethnographie.
4. Der Majordomus und sein Recht.
5. Patricier.
6. Das lebendige Ebenholz.
7. Die Gothen Afrikas.
8. Studien in der Menschenfresserei.

Afrikanische Agricultur.
9. Reichthum der Zukunft.
10. Production.
11. Arbeitslohn und Arbeitsleistung.
12. Unverstand.

Germanische Civilisation.
13. Oxygen elektrisch negativ.
14. Regeneration und Fortentwicklung.
15. Der ideelle und der materielle Nutzen.
16. Ausdehnung des Wirthschaftsgebietes.

Im Jahre 1881 erschien:

ÜBERSEEISCHE POLITIK,
eine culturwissenschaftliche Studie mit Zahlenbildern,
von
Hübbe-Schleiden, Dr. J. U.,
„Aufwärts."
nebst Anhang: **Studien über die Statistik des Welthandels.**

Dr. Hübbe-Schleiden, Ueberseeische Politik.

I. **Vollständige Ausgabe.**
Octav, 257 Seiten, ℳ 5.

II. **Separat-Ausgabe ohne Anhang.**
Octav, 158 Seiten, ℳ 3.

III. **Anhang: Studien über die Statistik des Welthandels,**
Versuch einer Verwerthung dieses bisher unbenutzten Materials.
Octav, 115 Seiten, ℳ 3.

Inhalt: Historische Parallelen.
Wirkungen überseeischer Politik.
Culturmacht oder Seemacht.
Colonisation und Cultivation.
Einwendungen gegen überseeische Politik.
Hindernisse deutscher Cultivation.
Ueberseeische Politik der deutschen Nation.
Anhang A: Handelsverkehr und Handelsgewinn.
„ B: Welthandel und Wohlstand.

Ferner erschien vor Kurzem:

Deutsche Colonisation,

eine Replik auf das Referat des Herrn Dr. Fr. Kapp über

Colonisation und Auswanderung,

von

Hübbe-Schleiden, Dr. J. U.

„Es lebt ein anders-denkendes Geschlecht!"

Octav, 122 Seiten, ℳ 3.

Inhalt: 1. Die kommende Generation.
2. Deutsche Colonialpolitik und deren Gegner.
3. Die Lebensgefahr der deutschen Nationalität.
4. Nothwendigkeit extensiver Culturpolitik.
5. Möglichkeit deutscher Colonisation.
6. Ein nächstliegendes Ziel.
Nachträge und Anhang.

Warum Weltmacht?

Der Sinn unserer Kolonial-Politik.

Vortrag, gehalten zum zehnjährigen Stiftungsfeste
in der Abteilung Hamburg der Deutschen Kolonialgesellschaft
am 13. Februar 1906

von

Hübbe-Schleiden,
Dr. jur.

Überseeische Politik allein vermag den Grund zu
legen zu einer Weltmacht Deutschlands.
(»Motive zu einer überseeischen Politik Deutschlands«
»Köln. Zeitung« vom 4. August 1881.)

Hamburg,
L. Friederichsen & Co.
(Inhaber: Dr. L. Friederichsen.)
1906.

Verehrte Anwesende!

Stellen Sie sich einmal vor: vor vielen Jahren hätten Sie an der Begründung irgendeines grofsen Aktien-Unternehmens lebhaft teilgenommen, an einer Bank-Gründung, einer Dampfschiffahrt-Gesellschaft oder einer Strafsenbahn-Anlage. Sie seien aber dann durch Ihre persönlichen Geschäfte und durch Verhältnisse verhindert worden, sich an dem Ausbau und an der Leitung dieses Unternehmens zu beteiligen. Sie seien etwa gar durch Ihre eigenen Geschäfte veranlafst worden, in die Ferne zu gehen, fern von dem Sitze jenes grofsen Unternehmens. In der Ferne nun gingen Ihnen fortlaufend Berichte über den Betrieb des Unternehmens zu, an dem Sie nach wie vor lebhaften Anteil nahmen. Gutes und Erfreuliches war aber wenig unter diesen Berichten. Das machte Ihnen Ärger und Sorge.

Nach langen Jahren kämen Sie dann einmal wieder an den Ort des Unternehmens; und nun sähen Sie sich die Verhältnisse dort selbst und in der Nähe an. Sie möchten wissen, ob denn alle die Ansichten über die schlechte Sachlage, über die Unfähigkeit der Verwaltung, über die vielen Mifsgriffe und Übelstände wirklich gerechtfertigt seien, ob der Pessimismus in den beteiligten Kreisen wohl begründet sei oder nicht.

Mir scheint, verehrte Anwesende, in einer ganz ähnlichen Lage befinden wir uns heute Abend tatsächlich, wo mir zur Aufgabe gestellt worden ist, einen Rückblick und einen Ausblick auf unsere Kolonialpolitik zu tun. Von den Hansestädten, insbesondere von Hamburg aus, sind erst die Unterlagen für die deutsche Kolonialpolitik geschaffen worden. Hamburgs und Bremens Welthandel haben erst den Grund gelegt, auf dem die deutsche Weltmacht jetzt heranwächst[1].

---
[1] Hierzu sei nur u. a. auf das Buch von Dr. ADOLF COPPIUS, »Hamburgs Bedeutung auf dem Gebiete der deutschen Kolonial-

Handels-Unternehmungen [1]. Die Mehrzahl derer, die damals hier mitwirkten, sind gegenwärtig unter uns. Es wurde damals wirklich etwas Großes, etwas sehr Großes geschaffen, wenn auch nur in seinen Anfängen. Es ward der Grund gelegt zu einer deutschen Weltwirtschaft als der des Deutschen Reiches und des deutschen Volkes. Das Frühjahr 1884 bildet den Beginn der deutschen Weltmacht.

Manche der beteiligten Herren sind Mitglieder des Kolonialrats; aber es hat doch wohl keiner der hier Anwesenden im bisherigen Verlaufe unserer Kolonialwirtschaft einen wirklich maßgebenden und verantwortlichen Einfluß auf sie ausgeübt. Die Verwaltungs-Grundsätze sind von der Kolonialabteilung in Berlin aufgestellt worden, und die Ausführung haben die Beamten und die Offiziere in den Kolonien selbst besorgt. Als dritter Faktor wirkte noch der deutsche Reichstag mit. Der wirkte allerdings meist nur als eine Bremse der Verwaltung oder als ›ein retardierendes Motiv‹ (wie GOETHE feiner sagen würde).

Man kann wirklich unsern Reichstag mit der Generalversammlung eines Aktien-Unternehmens vergleichen. Unsere Kolonialpolitik ist eine weltwirtschaftliche Unternehmung unseres Volkes, unseres Reiches. Hierbei kommt der Reichstag als die letzt-entscheidende Instanz in Betracht, insofern er die Verfügung über die finanziellen Mittel zu bewilligen hat oder ablehnen kann. Aber leider zeigte sich der Reichstag oft als eine Generalversammlung, deren Mehrheit für die eigenen Kolonialgeschäfte unseres Reiches, für die Lebensfrage unseres Volkes, nur ein sehr geringes Interesse und Verständnis hatte, — eine Generalversammlung, die sich scheute, die notwendigen Kapitalanlagen und Kostenauslagen zu machen, um dereinst für Deutschlands Volkstum eine unermeßlich fließende Dividende des Reichtums und der Weltmacht zu gewinnen.

Fragen wir uns: Woran liegt es eigentlich, daß wir bisher mit unserer Kolonialpolitik nicht recht vorankommen?

---

[1] Nicht ganz klar ist COPPIUS' Bemerkung (S. 112), daß man damals ›auch in Hamburg über die kolonialen Absichten der Regierung in Unkenntnis‹ gewesen sei. Die Öffentlichkeit allerdings durfte damals von unserem Vorhaben nicht unterrichtet werden, weil uns England sonst zuvorgekommen wäre. Aber was getan wurde, geschah unter Mitwirkung der beteiligten Handelshäuser.

Woran liegt es, dafs sogar die besten Freunde unserer Bewegung und die besten Kenner der Verhältnisse noch unzufrieden und bedenklich dreinschauen, auch ganz abgesehen von den Schwierigkeiten, die uns aus den Aufständen in Südwest- und Ostafrika erwachsen? Können wir uns diese Frage möglichst klar und kurz beantworten, so mag die Erkenntnis auch vielleicht zur Besserung der Sache beitragen. — Mir scheint nun, dafs man unsere Schwierigkeit wohl in das eine Wort zusammenfassen kann: Der Mangel unserer bisherigen Kolonialpolitik ist, dafs ihr unser alter hanseatischer Geist fehlt.

Sie alle werden leicht verstehen, was mit dem »hanseatischen Geist« gemeint ist. Es ist dies der Geist des Welthandels, des Weltverkehrs, die wirtschaftliche Tatkraft, die sich »übersee« betätigt, die auf Grund von praktischen Erfahrungen weltwirtschaftliche Werte schafft, und die sich in gemeinsinnigen Unternehmungen zeigt.

Dieser Geist ward anerkannt vom Fürsten BISMARCK. Aber als einst Dr. CARL PETERS ihm den Vorschlag machte, die Kolonialabteilung des Auswärtigen Amtes nach Hamburg zu verlegen, lehnte er dies ab. Ich weifs nicht, ob das zu bedauern ist. Der Ort allein würde den Geist noch nicht bedingt haben. Es kommt vielmehr an auf die Grund-Anschauungen und auf die Welt-Erfahrung.

Das aber ist es, worin sich gerade im Reichstage oft der Mangel zeigt. Dort wird von Herren mächtiger Parteien so viel über koloniale Dinge geredet, für die sie nicht das praktische Verständnis haben. Freilich sind die Herren schlimm daran: sie müssen reden und sogar entscheiden. Irgendwelche eigene Erfahrung können sie nicht haben. Selbst ausführliche Berichte können diese nicht ersetzen. Überseeische Verhältnisse sind kulturell ebenso himmelweit von den heimischen verschieden, wie sie es geographisch sind; und doch: was bleibt den Herren anders übrig, als sie nach den heimischen zu beurteilen, die allein sie kennen. Noch unglücklicher aber ist, dafs mit dem beschränkten Gesichtskreise der eigenen Erfahrung auch oftmals der wirtschaftliche Wagemut beschränkt ist. Denn auch das Vertrauen auf eigenes Können wächst mit dem Erfolge. Selbst die klarsten Hinweise auf die entsprechenden Erfolge bei den Engländern und Holländern genügen nicht, ein ähnliches auch für uns Deutsche zu erwarten. Wer solche Erfolge selbst gesehen hat, hält ihre Wiederholung eher für möglich. Anderseits ist aber auch vielleicht ein Mifstrauen in die Leitung unserer Kolonialpolitik gerechtfertigt?!

Freilich vor allem wird die Kolonialabteilung durch den Reichstag selbst behindert und gelähmt. Unsere gröfsten Kolonien würden längst viel weiter fortgeschritten sein, wenn die erforderlichen Kosten der Anlagen von Verkehrsmitteln bewilligt worden wären. Darin war unser Marineamt besser beraten. Für die eine blofse Flottenstation Kiautschou allein hat es alljährlich fast so viel gefordert wie die Kolonialabteilung für die Verwaltung sämtlicher Besitzungen, die fünfmal so grofs sind wie das Deutsche Reich selbst. Die Kolonialabteilung war zu zaghaft, weil sie wufste, dafs sie mit der Widerspenstigkeit des Reichstages rechnen mufste. Dadurch sah sie sich genötigt, ihre Kraft zunächst fast einseitig auf die Verwaltung zu beschränken. Die Bewirtschaftung trat dadurch in den Hintergrund; und der Hauptzweck der Kolonialpolitik, die wirtschaftliche Entwicklung und Ausbeutung der Kolonialländer, wurde vernachlässigt. Dadurch wurde die Abteilung noch mehr in die ihr schon von Haus aus eigene fehlerhafte Richtung gedrängt, ihre Leistungen in der Ausbildung des Bureaukratismus zu suchen. Denn nicht nur unseren Volksvertretern, auch der Kolonialverwaltung fehlt bisher der alte hanseatische Geist, der allein aus überseeischen Besitzungen eine Weltwirtschaft erblühen machen kann.

Eine Bureaukratie kann wohl Beamten-Paradiese schaffen, aber keine Kolonien. Die Kleinlichkeit des bureaukratischen Systems verbraucht die Kräfte unnütz. Zeit und Kosten werden nur vergeudet. Mit der vielen Schreiberei wird nichts erworben, nur verdorben. Ein Heer von juristischen Beamten wird hinausgesandt um zu »verwalten«, wo noch gar nichts zu verwalten ist. Der kleinste Lappen einer Rechnung draufsen von ein paar Mark wird daheim durch den Rechnungshof des Deutschen Reichs geprüft. Zentnerweise werden diese Lappalien von übersee nach Berlin geschickt. Über dieses wichtigste Geschäft der Rechnungs-Ablegung und Rechnungs-Kontrolle wird versäumt, die wirtschaftliche Erschliefsung und Verwertung der Kolonialländer auf alle mögliche Weise zu begünstigen und zu fördern¹. Polizeiliche Bevormundung vertreibt oder erdrückt die wirtschaftlichen Elemente, statt in kluger und sparsamer Weise darauf bedacht zu sein, so bald als möglich die Ansiedler ihre eigene Verwaltung selbst tragen zu lassen und nur ihnen starken deutschen Schutz zu bieten.

In Ostafrika nennt man die Unwirtschaftlichkeit dieses Bureaukratismus das »System Soden«. Aber dieser Name kennzeichnet ja nur das Werkzeug, nicht die Herkunft dieses Übels. Jedenfalls ist aber dies der Typus dessen, was sich als der Mangel des alt-hanseatischen Geistes darstellt².

Dafs in unserer Kolonialpolitik überdies eine fortlaufende Reihe von Mifsgriffen im grofsen und im kleinen begangen worden ist, wird jedermann bekannt sein. Wenn wir nicht etwa das Geschäft der Schönfärberei betreiben, müssen wir uns eingestehen, dafs unsere Kolonialpolitik uns eine Reihe von Ereignissen gezeitigt hat, von denen jedes einzelne wohl Einem leicht die Galle überlaufen machen kann.

Nur als ein Beispiel dafür, wie alle schwerwiegenden Fehlzüge unserer Kolonialpolitik auf Mangel an Erfahrungen und an praktischem Sinn zurückzuführen sind, möchte ich hier kurz den kostspieligsten Mifsgriff erwähnen, den wir bisher erleben mufsten. Ich meine die servile Behandlung der Naturvölker in Südwestafrika an Stelle einer organisatorischen Macht-Entfaltung, die den Eingeborenen keine Möglichkeit und keine Lust an einem Aufstande hätte aufkommen lassen.

Freilich sind durch diese zu nachgiebige und zu sorglose Politik den Eingeborenen gegenüber, insbesondere in Südwestafrika, nicht nur dem grofsen Publikum, sondern

---

¹ Hierüber äufsert sich treffend auch Professor Dr. HELFFERICH, »Zur Reform der kolonialen Verwaltungs-Organisation«, Berlin 1905, ¹S. 34.

² Allerdings ist solcher Bureaukratismus nicht nur in Berlin zu Hause. Selbst da, wo wir Deutschen ihn am wenigsten zu suchen pflegen, auch in London treibt er einmal seine Blüten. Zeitweilig hat man damit sogar die primitivsten Teile von Südafrika, Rhodesia, bedacht. Am 1. März 1905 aber raffte sich die Verwaltung der British South-Africa Co. auf und entliefs 120 überflüssige Beamte. Gleichzeitig gab sie Obligationen zum Betrage von 50 Millionen Mark aus, die ausschliefslich für die wirtschaftliche Entwicklung, insbesondere für die Besiedelung des Landes, aufgewendet werden.

vor allem auch der Reichsregierung und den leitenden Beamten sowie dem Reichstage eine Fülle von verschiedenen Mifsgriffen zum Bewufstsein gekommen. Hoffentlich wird dieser schwere Fall der Wendepunkt zum Besseren. Welt-Erfahrung sollten die Beteiligten auf alle Fälle daraus ziehen. Der Hauptertrag unserer bisherigen Erfahrungen in Südwestafrika mufs aber die dreifache Erkenntnis sein: 1. dafs die servile Behandlung der Naturvölker, 2. dafs ungenügende militärische Sicherung des Landes und 3. dafs Versäumnis der Einrichtung von Verkehrs-Mitteln und von Verwertungs-Anlagen Grundfehler sind. Besonders ist der letzte Punkt eine der wichtigsten Lehren, die nicht nur die Kolonialverwaltung, sondern insbesondere auch der Reichstag hoffentlich aus dieser Kalamität gewinnen und auch nicht wieder vergessen wird, dafs nämlich ein weitblickender Kapital-Aufwand zur rechten Zeit sparsamer ist als engherzige, schwachmütige Knauserei.

Aber diese Lehren kommen uns teuer zu stehen. Aufser den Verlusten von so vielen Hunderten von frischen Menschenleben unserer besten jungen Kräfte wird der Kostenaufwand zur Befriedung und Neueinrichtung dieser Besitzung sich voraussichtlich auf 400 Millionen, wenn nicht gar auf eine halbe Milliarde Mark belaufen. Dabei ist zur Unterdrückung des jetzigen Aufstandes in verschiedener Hinsicht für Transport-Kosten mehr ausgegeben worden, als die dauernden Anlagen, die sie überflüssig gemacht hätten, gekostet haben würden. So sind etwa 35 Millionen Mark für militärische Transporte von Lüderitzbucht nach Keetmannshoop ausgegeben worden. Jetzt ist nachträglich der Bahnbau von Lüderitzbucht bis Kubub für 5050000 Mark am 15. Dezember vom Reichstag bewilligt worden. Diese Strecke ist der dritte, schwierigste Teil des Bahnbaus bis nach Keetmannshoop; die ganze Strecke hätte also jedenfalls für weniger als die Hälfte jener militärischen Transport-Kosten hergestellt sein können. Damit wäre dann ein wertvoller Teil des Hinterlandes der Verwertung zugänglich gemacht worden [1].

---

[1] Das hier Gesagte fand seine nachträgliche Bestätigung in einem Schreiben aus Südwestafrika, das in den »Alldeutschen Blättern« vom 24. Februar 1906 abgedruckt ist. Darin heifst es: »Nach Ansicht der Offiziere könnte der Krieg gegen die Hottentotten längst zu Ende sein, wenn die notwendigen Eisen-

Ähnliches gilt für eine Wasserleitung in Lüderitzbucht, die sich für 2 Millionen Mark bauen liefse. Jetzt ist für bahnen Lüderitzbucht—Kubub—Keetmannshoop—Warmbad, Keetmannshoop—Windhuk und Keetmannshoop—Hasuur vorhanden wären, wenn das Deutsche Reich nicht auf alle modernen Hilfsmittel des Krieges, wie Eisenbahnen, leichte Feldhaubitzen, Fesselballon, Gefechtstelephon u. a. m. verzichtete. (Unsere kleinen, jetzt bereits ganz klapprigen Gebirgsgeschütze erregen bei den hinter Felsen liegenden Morenga-Leuten nur Hohngelächter; mit Feldgeschützen aber kann man in den Bergen nichts anfangen: auf die Felsen hinaufbringen, wie die Gebirgsgeschütze, kann man sie nicht, und von unten schiefsen, wie die Feldhaubitzen, können sie auch nicht, weil sie nur auf Flachschufs eingerichtet sind.) — Das Wichtigste der genannten Hilfsmittel sind aber die Eisenbahnen. Unterstützen Sie doch, bitte, mit allen Kräften die spätere Weiterführung der Bahn von Lüderitzbucht nach Keetmannshoop und Warmbad im Interesse der Kolonie, im Interesse unserer industriellen Bevölkerung und im Interesse von Deutschlands Ansehen in der Welt! Auch im Interesse der deutschen Steuerzahler liegt es, wenn diese Bahnen so bald wie möglich gebaut werden. Viele Millionen Mark werden dadurch erspart. Jeder Tag Verzögerung bedeutet einen Verlust von 100 000 Mark. Die Eisenbahn ist viel billiger als der Ochsenwagenbetrieb. Nehmen wir einmal die Strecke Lüderitzbucht—Keetmannshoop: Ein Privatfrachtfahrer erhält für die Beförderung einer Ochsenwagenladung (30 Ztr.) von Lüderitzbucht nach Keetmannshoop 1500 Mark; die Ladung eines Güterwagens der Eisenbahn (200 Ztr.) kostet demnach bei Ochsenwagenbetrieb 10 000 Mark Fracht! Ein Eisenbahn-Güterwagen mit 200 Ztr. Ladung schafft den täglichen Nachschub für 1000 Mann herauf. Diese Transportkosten würden sich bei Privatochsenwagen-Betrieb demnach bis Keetmannshoop auf jährlich 3 650 000 Mark stellen. Der Staat arbeitet mit seinen eigenen Ochsenwagen auch nicht billiger, da dem Staate bei jeder Fahrt mehrere Ochsen des Gespannes zugrunde gehen und die 2 bis 3 Buren bei jedem Wagen für einen Monat — und so lange dauert eine Fahrt nach Keetmannshoop herauf und wieder nach der Küste hinunter mit Ruhetagen mindestens — jeder 300 bis 500 Mark Gehalt bekommen. Für 5000 Mann betragen die Transportkosten des Nachschubs mit Ochsenwagen nach Keetmannshoop also 18 250 000 Mark jährlich. Demgegenüber soll die Bahn bis Kubub 5 050 000 Mark kosten. Rechnet man für eine etwa doppelt so lange, aber leichter zu bauende Fortsetzung bis Keetmannshoop 9 Mill. Mark, so würde eine Bahn bis Keetmannshoop kaum 15 Mill. Mark kosten. Dasselbe Kosten-Verhältnis besteht für die anderen Strecken (Keetmannshoop—Warmbad, Keetmannshoop—Windhuk und Keetmannshoop—Hasuur). Dafs es angesichts dieser Zahlen überflüssig ist, sich darüber den Kopf zu zerbrechen, ob die Bahnen sich wohl im Frieden rentieren werden, ist klar. Das Anlage-Kapital ist dann längst wieder ganz unerhörte Kosten das erforderliche Wasser von der Kapstadt hergeholt worden. — Weiter noch: Hätte man zu rechter Zeit erträgliche Landungs-Verhältnisse in Swakopmund hergestellt, so wären uns grofse Verluste und schwer empfundene Nachteile für unsere militärischen Operationen dort erspart geblieben.

Im übrigen will ich Sie mit dem endlos langen Sünden-Register unserer Kolonialpolitik verschonen. Es kommt weniger auf die einzelnen Mifsgriffe an als auf die Grundanschauungen, aus denen sie hervorgegangen sind, auf Mängel des Systems. Dessen Grundmangel nannte ich das Fehlen des alt-hanseatischen Geistes. Eine der verderblichsten Wirkungen dieses Mangels aber bleibt besonders die, dafs solcher unwirtschaftliche Sinn die private Initiative unterdrückt.

Im Ärger über solche Unzulänglichkeiten unserer bisherigen Kolonialpolitik schlug neulich, in der Reichstagssitzung vom 18. Januar, wieder einmal ein Abgeordneter — dessen Name hier nicht festgenagelt werden soll — vor: »wir sollten unsere Kolonien, insbesondere die afrikanischen, an den Meistbietenden verkaufen.« Ja, er sagte sogar: »an den Mindestfordernden.« Dies kennzeichnet den übertriebenen Pessimismus; denn dafs England für die Abtretung unserer Besitzungen nicht obendrein Zuschüsse fordern, sondern Gegenwerte bieten würde, ist ja selbstverständlich. Aber wenn man keine nationale, sondern nur Parteipolitik treibt, wenn man nur an die Behaglichkeit des Augenblickes, nur an das Zusammenhalten des bereits erworbenen Besitzes denkt, ist solcher Kolonien-Überdrufs begreiflich. Dann ist auch begreiflich, dafs man für sich selbst wie für das deutsche Volk daran verzweifelt, dafs man sich jemals zu einem hanseatischen Geist aufschwingen wird.

---

eingespart, braucht sich also gar nicht mehr zu verzinsen. Der ganze Streit über das Rentieren ist überhaupt verfehlt. Man unterläfst doch auch eine Aufforstung nicht, weil erst die Enkel den klingenden Gewinn erleben werden. Darum mufs so etwas eben der Staat in die Hand nehmen. Der lebt lange genug und kann es abwarten. Wollzucht und Bergbau werden hier später viel exportieren, können sich aber erst allmählich nach Fertigstellung der Bahnen entwickeln, da sie früher keine Absatz-Möglichkeit haben.«

Was kostete es nicht für Mühe vor jetzt 25 Jahren, überhaupt erst den **Gesichtskreis** unseres Volkes so weit zu **vergröfsern**, dafs man wenigstens begriff, um was es sich denn in der grofsen, weiten Welt der Menschheit eigentlich handle! Und jetzt noch fehlt die Einsicht in die absolute Unentbehrlichkeit von Kolonien für das Deutsche Reich bei einigen Mitgliedern aller Fraktionen aufser etwa bei den Nationalliberalen und den Konservativen.

Wenn man nicht· spezifisch deutsch denkt, sondern **allgemein menschheitlich**, so hat diese Ansicht auch recht viel für sich zu sagen. Dieses, meine ich sogar, einmal von General von Liebert, unserm langjährigen Guvernör von Ostafrika, im Kreise unserer Gesellschaft in Hannover ausgesprochen gehört zu haben: Er zog, glaube ich, in seinem Vortrage die Parallele zwischen der Art, wie die Engländer die ihnen in dem Sansibar-Vertrag überlassene Hälfte von Ostafrika verwerteten, und wie wir durch die Rückständigkeit der Anschauungen in unserem Reichstage an gleichem Vorgehen in unserer Besitzung dort verhindert würden. Wäre auch das **deutsche** Ostafrika britisch, so würde es viel schneller aufblühen, und es würde schon in seiner Entwicklung weiter sein. Wir würden eine Eisenbahn bis an den Tanganjika haben; und die besten Landstrecken des Innern würden jetzt erschlossen sein. Grofse Kapital-Anlagen würden in das Land fliefsen. Die Arbeitskräfte würden in gröfserem Mafse, als es jetzt der Fall, für die Volkswirtschaft im Lande nutzbar gemacht sein, usw. General von Liebert ist erhaben über jede undeutsche Gesinnung, aber er hat nicht allein lebhaftes **Interesse** für sein früheres Verwaltungsgebiet, sondern auch ein gutes **Urteil** darüber.

Nun denn, wenn also die Tatsachen so liegen, dann wäre es ja doch im Interesse aller, wenn wir unser **Deutsch-Ostafrika an die Engländer abträten**. Haben wir doch ihnen schon die **eine** Hälfte überlassen; also mag der **Rest** noch hinterhergehen! Unseren heimischen Politikern ersparte dies viel Kosten-Bewilligungen und vielen Ärger; Land und Leute draufsen würden dabei gut **gedeihen**; und England würden wir damit eine ganz **ungeheure** Freude machen, worauf wir ja ohnehin jetzt sehr bedacht sind.

Das war nun nicht die Meinung Herrn von Lieberts.

Sollten wir denn wirklich auch nur an den Augenblick denken und nur an die Sicherung des täglichen Erwerbes? Sollten wir allein die beste Förderung der Länder draufsen und etwa noch Englands im Auge haben? Sollten wir wirklich unsere gröfsten überseeischen Besitzungen abtreten?

Nein! und tausendmal Nein! Das sagt jedem gesunden und wirklichen Deutschen schon sofort sein National-Gefühl, wenn es ihm sein Verstand auch nicht sofort einleuchtend macht. Wir dürfen unsere Kolonien ebensowenig abtreten wie etwa Elsafs-Lothringen an Frankreich, oder Holstein und Hannover an England. — Aber auf Grund des Gefühls soll man nicht Politik machen; man mufs sich ihres Zweckes und der Mittel dazu voll bewufst sein. Also nein! — Aber warum nicht? Das ist jetzt die Frage. Warum ist die Kolonialpolitik für das deutsche Volk notwendig? Hat die Kolonialpolitik Sinn für uns: Was ist dann dieser Sinn unserer Kolonialpolitik?

Die Motive, die uns zu unserer überseeischen Politik zwingen, sind schon früher und oft wieder vorgetragen worden. Diese leiteten uns schon vor 24 Jahren, als wir die Begründung des Kolonialvereins erstrebten, aus dem unsere jetzige Kolonialgesellschaft hervorgegangen ist. Auf die Initiative von Dr. FRIEDRICH FABRI[1] bin betrieben wir hauptsächlich damals die Bewegung im Rheinlande; wir begannen sie in Köln, und wir begründeten den Kolonialverein in Frankfurt unter dem Vorsitze und der einflufsreichen Mitwirkung unseres Fürsten HOHENLOHE-LANGENBURG, auch vieler Anderer, unter denen MIQUELS Name nicht vergessen werden darf. — Dieser Bewegung suchte ich durch eine Reihe von

---

[1] Hierzu darf nicht FABRIS Schrift: »Bedarf Deutschland der Kolonien?« (Gotha 1879) unerwähnt bleiben; und wenn von den Anfängen unserer Kolonialpolitik die Rede ist, so dürfen nicht die Verdienste des Geheimrates von KUSSEROW im Auswärtigen Amte und seines Schwagers Herrn von HANSEMANN, des Direktors der Diskontogesellschaft, vergessen werden, — *last not least* — auch nicht die des Dr. ROBERT JANNASCH und der Begründung des »Zentralvereins für Handelsgeographie und Förderung deutscher Interessen im Auslande« zu Berlin im Jahre 1878.

Schriften[1] und Aufsätzen vorzuarbeiten, deren Zweck die Angabe der Gründe war, die Deutschland zur Kolonialpolitik zwingen. Dies beabsichtigte auch ein Vortrag, den ich im März 1882 in Köln hielt über: »Weltwirtschaft und die sie treibende Kraft«[2]. Nicht lange vorher brachte die »Kölnische Zeitung« unter anderen meinen Aufsatz über die »Motive zu einer überseeischen Politik«[3]. Dieses ist eine Zusammenstellung der verschiedenen Gründe zur Beantwortung der Frage: Warum muſs Deutschland Kolonialpolitik treiben? Was ist der Sinn unserer Kolonialpolitik?

Diese Gründe sind mehr oder weniger noch heute stichhaltig, manche jetzt mehr als damals. Andere Kolonialländer, wie England, machen Anstalten, sich gegen uns mit ihren Kolonien zu Zollvereinen und Handelssystemen mit Differentialzöllen abzuschlieſsen. Sollen unsere eigenen Kolonialländer uns dafür Ersatz bieten, dann ist es die höchste Zeit, daſs wir auf das energischste an deren Entwicklung gehen. Jene anderen Kolonialmächte sind uns um 300 Jahre voraus. Wir müssen sehen, daſs wir die versäumte Zeit vielleicht in 30 Jahren nachholen.

Die allgemeine Frage, warum überhaupt die deutsche Volkswirtschaft leistungsfähige Kolonien unbedingt nötig hat, und warum, wenn unsere Kolonien heute noch nicht leistungsfähig sind, es Pflicht unserer nationalen Selbsterhaltung ist, sie leistungsfähig zu machen, hat Professor Dr. Helfferich vor dem letzten Deutschen Kolonialkongresse in Berlin am 5. Oktober 1905 so treffend auseinandergesetzt[4], daſs dieser Gesichtspunkt heute unsere Aufmerksamkeit nicht wieder in Anspruch zu nehmen braucht.

Mir scheint auch, daſs ein anderer Grund in erster Linie wichtig ist; und dieser Grund scheint mir allein schon endgültig durchschlagend. Er tritt heute, 1906, auch noch mehr in den Vordergrund als 1882. — Deshalb will ich

---

[1] »Ethiopien«, Hamburg 1879, besonders das Schluſskapitel; »Überseeische Politik«, 1881, Bd. I durchweg, besonders S. 120 bis 142; »Deutsche Kolonisation«, 1881, Kap. 1—4.
[2] Hamburg 1882.
[3] »Köln. Zeitung« Nr. 214 vom 4. August 1881. Diese »Motive« sind hier als Anhang wieder abgedruckt.
[4] Verhandlungen des Kongresses (Berlin 1906) S. 571—584.

diesen nur hier ausführen: Der Sinn unserer Kolonialpolitik nämlich ist bereits dadurch gegeben, dafs sie völlig unentbehrlich ist als Grundlage der deutschen Weltmacht.

Die Zivilisation der Menschheit ist seit 100 Jahren schon zur Weltwirtschaft geworden. Die Entwicklung des 20. Jahrhunderts geht unzweifelhaft dahin, dafs nur noch Weltmächte im Rat der Völker Sitz und Stimme haben. Ohne Weltwirtschaft ist keine Weltmacht möglich. Ohne seine überseeische Politik müfste daher Deutschland zur Macht zweiten oder dritten Ranges hinabsinken, mag es dabei in Europa immerhin die stärkste Militärmacht bleiben. Selbst NAPOLEON I. unterlag mit seinem Kontinentalsystem der Weltmacht Englands; und er hätte diesem auch dann nichts anhaben können, wenn er nicht überdies durch deutsche Tüchtigkeit besiegt und überwunden worden wäre. Also, schon weil Weltwirtschaft zur Weltmacht unentbehrlich ist, mufs Deutschland Kolonialpolitik betreiben[1].

Aber dabei kommt auch noch ein anderer Gesichtspunkt in Betracht. Dafs im Verlaufe dieses Jahrhunderts, ebenso wie in allen vergangenen, Verschiebungen der Herrschaftsgebiete stattfinden werden, wird niemand bezweifeln. Dabei könnte entweder das Deutsche Reich von seinen feindlichen Nachbarn erdrückt und wiederum zersplittert werden; oder aber Deutschlands Machtsphäre kann sich um ein Mehrfaches ausdehnen. Dazu wird die Veranlassung uns sicher nur von aufsen aufgedrängt werden. Ich zweifle aber keinen Augenblick, dafs Deutschland nicht zugrunde gehen wird, dafs es vielmehr genötigt werden wird, die Grenzen seiner Herrschaft zu erweitern. Dann werden auch für unsere überseeischen Leistungen gesteigerte Anforderungen an uns gestellt werden. Diesen alsdann genügen zu können, müssen wir jetzt in unserer Kolonialpolitik lernen. Je mehr diese in Erfahrung reift, je freier und naturgemäfser ihr System wird, je mehr sie den alten hanseatischen Geist in sich ausprägt, desto besser wird unsere Weltmacht allen künftigen Anforderungen gerecht werden.

---

[1] Treffend schlofs auch HELFFERICH seinen erwähnten Vortrag (S. 584): »Das Deutschland der Zukunft wird eine Kolonialmacht sein, oder es wird als wirtschaftliche und politische Weltmacht nicht existieren.«

Aber auch besondere Verhältnisse erfordern die Ausbildung unserer Weltmacht durch Kolonialwirtschaft. Es könnte der Fall eintreten, dafs beispielsweise in Südafrika gerade Deutschland der Kulturmenschheit den gröfsten Dienst zu leisten hätte. Für die Engländer so gut wie für die Deutschen dort und für die ganze (fast zur Hälfte niederländische) Bevölkerung Südafrikas ist keine drohende Gefahr so grofs wie die der äthiopischen Bewegung[1]. Deren Motto ist: »Afrika für die schwarze Rasse!« Sie rührt von der urteilslosen Verhätschelung der Neger her und zielt auf nichts Geringeres ab als darauf, alle Weifsen in Südafrika umzubringen oder sie »ins Meer zu jagen«. Von solchen Versuchen gibt uns jetzt der Aufstand in Südwestafrika einen Vorgeschmack, auch der Aufstand in Ostafrika, vor allem aber die allerneueste Erhebung, die der Kaffern im Zululande und Natal. Die Bewegung gründet sich auf den Mifsgriff der Engländer und der Missionen in den letzten Jahrzehnten, dafs sie diese schwarzen Naturkinder ebenso behandelten, wie wenn sie weifse Kulturmenschen wären. Die Folge dieser Gleichbehandlung ist, dafs sich die Neger nun auch für gleichwertig halten; und da ihre Anzahl sich zur unserigen wie 4 zu 1 verhält[2], so glauben sie bald, mit uns leichtes Spiel zu haben[3]. Könnte je diese Bewegung in Südafrika siegen, so wäre es mit aller Geisteskultur dort aus. Aber wird sie siegen?

Früher fand die Überzahl der Wilden ihren Meister in dem Herrenvolk der Buren. Seit nun die Engländer

---

[1] Über diese ist die Literatur noch sehr spärlich. Deutsch hat sich am meisten Dr. CARL PETERS hierüber geäufsert. Plastisch treffend dargestellt ist insbesondere sein Leitartikel in »Der Tag«, Berlin vom 4. Mai 1905: »Die äthiopische Bewegung«. Ausführlicher sprach darüber der Missionsinspektor Dr. MERENSKY in den Verhandlungen des Deutschen Kolonialkongresses am 7. Oktober 1905 (Berlin 1906, S. 538–549).

[2] Nach der Volkszählung vom 1. April 1904 betrug in Britisch-Südafrika die Anzahl der Weifsen 1 133 000, die der Schwarzen 4 730 000, ohne Betschuana- und Basutoland.

[3] Eine derartige Gleichwertung verschiedener Menschen nach der Kopf-Zahl, nicht nach dem Kopf-Inhalt, bedroht ebenso die heimische Geisteskultur durch unser allgemeines Wahlrecht. Danach gilt die Stimme jedes grünen Bengels ebenso viel wie die eines lebensreifen Weisen, und die eines Staatsmannes und Gelehrten gilt nicht mehr als die des Bauernjungen und Sauhirten.

diesen besten Pionieren der Kultur dort das Heft aus den
Händen gerungen haben, taucht dies drohende Gespenst der
äthiopischen Bewegung auf. Dafs die Engländer der brutalen
Kraft dieses Naturausbruchs Herr werden oder bleiben können,
ist zu wünschen, um so mehr, weil sonst mit ihnen auch die
niederländisch-afrikanische Bevölkerung zugrunde gehen oder
leiden würde, da sich diese jetzt nicht mehr, wie früher, auf ihre
eigene Art organisiert verteidigen kann. Nach den früheren
Erfahrungen der Engländer ist aber diese Hoffnung nicht.
sehr fest begründet. Freilich würden sie hierzu nicht einen
solchen Kriegsapparat aufzuwenden haben wie in ihrem Feldzuge gegen die Burenstaaten, da zunächst die Buren mit
ihnen gegen die Kaffern kämpfen würden; aber diese Wilden
sind viel aggressiver als die Buren, und sie würden den Engländern nicht so viel Zeit lassen. Dazu haben sie wohl das
zehnfache Menschen-Material zu opfern und sind nicht an die
Begriffe völkerrechtlichen Anstandes und einiger Menschlichkeit gebunden. In dem Kriege gegen die Zulus unter Ketschewayo 1879 haben die Engländer in der einen Schlacht von
Isandula allein 1400 Mann verloren[1], mehr, als wir bisher
im Felde des gesamten südwestafrikanischen Aufstandes an
Toten eingebüfst haben.

Wir Deutschen sammeln jetzt in Südwestafrika die
militärischen Erfahrungen, wie solchem Übel zu begegnen ist.
Vielleicht haben wir dereinst diese Erfahrung für die Rettung
der Kultur in ganz Südafrika zu verwenden. Dann könnte
die halbe Milliarde, mit der unsere Kolonialpolitik sich diese
Erfahrung jetzt erwirbt, sich als eine vortreffliche Kapital-Anlage ausweisen. Denn solcher Erfolg käme dann selbstverständlich nicht blofs unserer Weltwirtschaft zugute,
sondern durch sie auch unserer Weltmacht[2].

---

[1] Wer sich leicht und übersichtlich über die Entwicklung und
die Lage der Verhältnisse in Südafrika unterrichten will, findet die
Haupt-Tatsachen kurz zusammengestellt bei FRITZ BLEY: »Südafrika
niederdeutsch«, München 1898; und PAUL SAMASSA: »Das neue Südafrika«, Berlin 1905.

[2] Dies ist einer der Gesichtspunkte, weshalb nicht unsere
südwestafrikanische Besitzung speziell mit diesen Kosten des
jetzigen Aufstandes belastet werden darf. Zwar sollte jede einzelne
unserer Besitzungen für sich selbst aufkommen und auch für sich
allein rentabel werden. Aber Südwestafrika allein für die Versehen unserer Kolonialpolitik büfsen zu lassen, wäre unbillig.

Also, deutsche Kolonialpolitik müssen wir betreiben. keinem anderen Volke zuleide, und auch keinem anderen Volke als uns selbst zuliebe. Das müssen wir tun um unserer Selbsterhaltung willen als Kulturmacht und als Weltmacht. Allen dazu nötigen Anforderungen müssen wir genügen. Die dazu erforderlichen Aufgaben müssen wir lösen. Das müssen wir lernen. Das werden wir lernen. Das ist der Sinn unserer Kolonialpolitik.

Wie aber lernen wir dies? Da es sich hier nicht um theoretisches Wissen handelt, sondern um praktisches Können, um lebendige Erfahrung, so ist diese nur durch eigene Versuche zu gewinnen. Auch ist dabei nicht sehr viel von anderen Völkern zu erlernen, weil man sich nicht durch das Wissen der Erfahrungen von Anderen deren Können selbst aneignet. Lernt doch auch der Sohn nur wenig durch die Lebens-Erfahrungen des Vaters. Jeder muſs sich selbst seine Grundsätze bilden. Überdies sind auch im Völkerleben die Verhältnisse stets individuell; und selbst wenn man die bei Nachbarn bewährten Grundsätze anwendet, handelt es sich um die richtige Anpassung an die höchstens ähnlichen Verhältnisse. Dazu kommt, daſs auch jedes Volk selbst individuell ist. Wenn Franzosen Maſsregeln der Engländer in ihren Kolonien anwenden, so wird doch etwas Anderes daraus. Noch mehr wird dieses für uns Deutsche gelten; und wer wollte uns verdenken, daſs wir uns bemühen und uns zutrauen, es schlieſslich besser als die Anderen zu machen!

Also, selbst probieren! Hierbei aber hat man sich noch etwas Anderes zu vergegenwärtigen. Wahrheit geht aus dem Irrtum hervor; wenn auch das Richtige einmal sogleich gefunden würde, so wird es doch als solches erst erkannt, nachdem auch alle möglichen Irrtümer aufgestellt, damit verglichen und verworfen worden sind. So geht es auch mit praktischen Erfahrungen. Sie werden nur

---

Daſs diese nötigen Erfahrungen gerade dort gewonnen werden, ist nicht schuld des unglücklichen Landes. Andere Besitzungen versprechen gröſsere und schnellere Erträge. Die jetzt dort gewonnene Erfahrung aber kommt den übrigen Besitzungen des Reiches ebenso zugute wie Südwestafrika. Die Kolonialverwaltung und die Strategie des Deutschen Reiches haben den Vorteil davon. Deshalb muſs das Reich damit belastet bleiben.

durch Fehlzüge und Mifsgriffe erworben. Nur durch Schaden wird man klug. Von diesem Standpunkt angesehen, sollten wir uns freuen, dafs wir in der kurzen Jugendzeit unserer Kolonialpolitik schon so aufserordentlich viele Mifsgriffe erlebt und viele Kinder-Krankheiten, hoffentlich dauernd, überwunden haben. Wenn wir unsere Erfolge mit denen der älteren Kolonialmächte vergleichen, die auf eine 300 jährige Geschichte und noch mehr zurückschauen, so sind wir wohl den Spaniern und Portugiesen weitaus überlegen, und den Engländern, Holländern und Franzosen stehen wir kaum um vieles nach.

Nun kann man aber diese Anschauung auch auf die Spitze treiben: Wenn wir nur durch Fehlzüge und Mifsgriffe vorankommen, dann wäre es ja wünschenswert, dafs recht bald möglichst viele neue Mifsgriffe gemacht würden, an denen wir noch immer wieder Neues lernen können.

Darauf sage ich, dafs ich das nicht bedauern würde, wenn nur solche Mifsgriffe nicht derart sind, dafs dadurch unsere Herrschaft irgendwo und irgendwie ernsthaft gefährdet würde. Sie kennen ja auch das Wort: »Ärgernis mufs kommen; es ist unmöglich, dafs Ärgernis nicht komme. Aber wehe dem, durch den das Ärgernis kommt!«[1]

Ich will auch nicht sagen, dafs ich gerne einer sein möchte, der eine neue Kolonialdummheit macht. Aber da bekanntlich diese Leute doch »nie alle werden«, so braucht man sich ja nicht zu solchem Opfer anzubieten. Auch sind die Gelegenheiten zu recht lehrreichen Mifsgriffen nicht gerade häufig.

Wer will auch sagen, ob noch wirklich sehr viel Neues, Ungewöhnliches für uns in der Kolonialwirtschaft zu lernen nötig ist. Dafs wir uns meistens den gegebenen Verhältnissen anpassen und praktisch Tüchtiges leisten können, haben die bisherigen Erfolge unserer Kolonisation und Kultivation hinlänglich gezeigt. Wenn man den gegenwärtigen Stand der Verhältnisse in unseren Besitzungen gerecht erwägt, wenn man bedenkt, dafs alles, was dort schon vorhanden ist, wie aus dem Nichts, in 20 Jahren erst geschaffen ist,

---

[1] Matthäus 18, 7 und Lukas 17, 1.

dann dürfen wir uns wirklich rühmen, daſs wir in der kurzen Anfangszeit ganz unverhältnismäſsig mehr als irgendeine der älteren Kolonialmächte geleistet haben[1].

Das relativ ungünstigste Bild zeigt uns Südwestafrika; und doch ist auch dort schon viel der Ansiedlung, der Viehzucht und dem Minenabbau vorgearbeitet. Die bisherige Erfahrung verspricht uns die besten Erfolge, sobald der Aufstand überwunden sein wird. In unseren Tropen-Kolonien ist mit Pflanzungen begonnen worden, von denen Baumwolle, Kakao und Gummi die besten Aussichten bieten; auch für den Kaffee könnten sich in günstigen Zeiten gute Erfolge erzielen lassen. Mit dem Bahnbau ist auſser in Südwestafrika auch in Ostafrika, Togo und Kamerun begonnen worden. Eine weitere Bahn für Kamerun wird voraussichtlich demnächst bewilligt werden. Für den steigenden Wohlstand der Besitzungen spricht deren zunehmender Handel. Dieser hat sich in den sieben Jahren von 1896 bis 1903 mehr als verdoppelt; und während die Einfuhr von 32,6 Millionen in 1898 auf 43,7 Millionen Mark in 1903 gestiegen ist, hat sich die Ausfuhr in derselben Zeit (schon in fünf Jahren) fast verdoppelt, von 14 Millionen bis auf 25,6 Millionen Mark steigend. Mit den privatwirtschaftlichen Erträgen der Länder heben sich auch ihre staatlichen Einnahmen. Unsere westafrikanische Besitzung Togo deckt schon gegenwärtig ihre jährlichen Ausgaben selbst.

Es wäre unrecht, zu verkennen, daſs in unseren Besitzungen tatsächlich schon recht viel geleistet worden ist. Mit diesem Eindruck kehren Alle heim, die sich dort die Verhältnisse ansehen. Unter diesen waren im vergangenen Jahre auch die Reichstags-Abgeordneten, die Westafrika

---

[1] Unverhältnismäſsig mehr, wenn man die sehr viel günstigeren Verhältnisse in den früheren Jahrhunderten erwägt, in denen jene Mächte ihre überseeischen Besitzergreifungen begannen, oder wenn man beim Vergleiche etwa der Verwertung unseres deutschen Ostafrika mit der des benachbarten britischen Landes in Betracht zieht, daſs die Engländer sich seit 300 Jahren auſser der Erfahrung auch die nötigen Geldmittel dazu im Überfluſs erwerben konnten und daſs wir damit erst jetzt beginnen. — Die Kolonialgeschichte aller anderen Völker zeigt, daſs diese anfangs auch nicht weniger Fehlzüge machten als wir und verhältnismäſsig viel mehr Miſserfolge dabei hatten.

auf dem Dampfer »Eleonore Woermann besuchten¹. Solcher Eindruck von den wirtschaftlichen Leistungen ist unabhängig von dem Urteil über die Verwaltung und die Maßnahmen der Wirtschaftspolitik. Man könnte sagen, daß ein Unerfahrener sich unter vorbereiteter Führung kein richtiges Urteil über die Zweckmäßigkeit oder Unzweckmäßigkeit der Einrichtungen bilden könne. Aber ob Einrichtungen vorhanden sind und daß sie einem Zweck zu dienen beabsichtigen, das kann er ohne Zweifel sehen, also auch, ob überhaupt etwas geleistet worden ist. Jedenfalls wird durch solche Studienreisen doch die Urteilsfähigkeit der Reichstags-Abgeordneten um einiges gebessert; und auch dieses sollte uns für unsere Kolonialpolitik einen Aufschwung in der Zukunft hoffen lassen. Treffend sagt hierüber Dr. SEMLER²: »Wie wenig bedeutet doch die theoretische Arbeit von Jahren gegenüber der praktischen Erfahrung von Tagen, die wir gewonnen haben!«

Wer noch über unsere Kolonialpolitik Trübsal bläst, scheint mir sehr kurzsichtig und schlecht beraten. Allerdings war bisher das System unrichtig, und es ist es noch. Indessen scheint auch unsere Kolonialverwaltung aus der Krisis im vergangenen Herbste sich jetzt zur Gesundung zu erholen; und die Hoffnungsfreudigkeit, mit der sie jetzt von vielen Seiten angesehen wird, ist wohl berechtigt. Dafür, daß sich das System verändern, daß ein anderer Geist unsere Weltwirtschaft beleben wird, spricht, daß der neue Kolonialdirektor Sohn und Erbe unseres Fürsten HOHENLOHE-LANGENBURG ist. Gibt ihm dies freilich nicht die eigene Erfahrung, so vermag es ihm doch zu erleichtern, die geeigneten Mitarbeiter zu finden und die rechten Wege zu erkennen.

Aber was sind nun die rechten Wege?

---

¹ Das von Dr. SEMLER darüber veröffentlichte Buch: »Togo und Kamerun« (Leipzig 1905) gibt diesen Eindruck wahrscheinlich in Übereinstimmung mit dem der Mitreisenden wieder. Auch das überschwengliche Urteil eines Franzosen wird dort S. 99 angeführt. Natürlich hat man dieses durch die französische Höflichkeit zu dividieren. Aber dann bleibt immer doch wohl noch ein gutes Fazit für die Togo-Kolonie. — Hierzu auch CHR. STORZ, »Reisebriefe aus Westafrika und Beiträge zur Entwickelung der deutschen Kolonien in Togo und Kamerun«. Stuttgart 1906.
² Ebenda S. 55.

Was ich vorhin über die bisherigen **unrichtigen Wege** sagte, gibt noch nicht genug die **richtigen Wege** an, die unsere Kolonialpolitik zu dem gewünschten Ziele führen können. Hierüber wäre wohl noch viel zu sagen; aber dies ist nicht im Augenblick notwendig, seitdem jetzt die Mehrheit des Reichstages über die Hauptgesichtspunkte einig zu sein scheint. Hat doch neuerdings sogar der Abgeordnete ERZBERGER für das Zentrum dem Programm von Dr. CARL PETERS sachlich und im wesentlichen zugestimmt. Viel Neues läfst sich über alte Binsen-Wahrheiten ja auch nicht sagen.

Daher beschränke ich mich hier auf die Angabe der Hauptpunkte. Ich vertrete dieses Programm aber um so lieber, da ich selbst bereits im Jahre 1878 eben diese Punkte ausgearbeitet und in den Vordergrund gerückt habe und da mit diesen Punkten auch die von General VON LIEBERT, Dr. ARENDT, Professor PAASCHE und Anderen aufgestellten "übereinstimmen[1]. Dieses Programm kennzeichnet sich durch das Wort: »Wirtschaftliche Kolonialpolitik«.

Weltwirtschaft und Kolonialpolitik sind ein Geschäft, wenn auch keine Privatsache, doch aber das Geschäft des Reiches und des ganzen Volkes. Wie sehr dies Geschäft **rentieren** kann, beweisen uns England und Holland. Wenn es sich für uns nicht schnell genug rentiert, so liegt dies daran, dafs wir nicht den Mut haben, die nötigen Reichsmittel aufzuwenden. Unsere überseeischen Besitzungen sind fünfmal so grofs wie das Deutsche Reich und werden dereinst ebensoviel mehr ertragsfähig sein können. Das

---

[1] HOBBE-SCHLEIDEN, »Ethiopien«, Hamburg 1879, Kap. IX, X u. XV, S. 358—375, sowie auch in wirtschaftspolitischen Vorträgen und Aufsätzen. — Dr. CARL PETERS, »Deutsch-national«, Berlin 1887, besonders S. 74—79, 91—93; »Das deutsch-ostafrikanische Schutzgebiet«, München 1895, S. 1—18, 376—418; »Unsere afrikanischen Kolonien und ihre Zukunft« in der »Deutschen Monatsschrift«, Berlin V 2 u. 3, Nov. und Dez. 1905; »Wirtschaftliche Kolonialpolitik« in »Die weite Welt«, Leipzig 1906, Nr. 21 S. 458—460. — Generalleutnant VON LIEBERT, »Die deutschen Kolonien« (Vortrag). Leipzig 1904, S. 23, und »Ein Kolonialprogramm« in »Der Tag« Nr. 612, Berlin, 9. Dezember 1905. — Dr. OTTO ARENDT und Geheimrat Prof. Dr. PAASCHE in ihren verschiedenen Reichstags-Reden und im »Tag« Nr. 57, Berlin, 1. Februar 1906 und neuerdings in Nr. 109, vom 1. März 1906.

Budget des Reiches beträgt 2406 Millionen Mark. Für die Bewirtschaftung der sämtlichen Besitzungen (ausschliefslich der Marinestation Kiautschou) werden aber jährlich nur 17 oder 18 Millionen Mark aufgewendet, also ungefähr nur 3/4 Prozent von den nationalen Ausgaben. In Kiautschou allein wird ebensoviel jährlich angelegt. Es sollte aber im entsprechenden **Verhältnisse für alle** unsere überseeischen Besitzungen der gleiche Kosten-Aufwand je nach den **Bedürfnissen** gemacht werden.

Wenn auch Privat-Unternehmungen in ihrer **Rentabilität** mit **Jahren** rechnen müssen, so kann unser **Reich** doch mit **Jahrzehnten** rechnen. Dafs aber die Ertragsfähigkeit unserer Kolonien unliebsam verzögert wird, daran ist — wie gesagt — hauptsächlich unsere kurzsichtige Sparsamkeit schuld. Zeigt uns doch das Nachbarland unseres Ostafrika, das wir den Engländern überlassen haben, wie bei dem **notwendigen Kapital-Aufwande der Ertrag des Landes** unverhältnismäfsig mehr wächst als der unserer eigenen Besitzung[1].

Vor allem mufs nun die Regierung im **System die wirtschaftlichen** und die **kulturellen** Gesichtspunkte weit über die administrativen und die militärischen stellen; diese müssen jenen dienen. In den überseeischen Besitzungen betätigt sich der **Patriotismus** am wirksamsten und am nötigsten durch **Geldverdienen**. Dadurch wird dem Vaterlande mehr genützt als durch die überflüssige Bureauschreiberei, Rechnerei, Regiererei und polizeiliche Bevormundung im heimischen Stile.

Übersee sollte man sich auf die allernötigste Zahl von **Beamten einschränken**. Man sollte weniger auf deren juristische Bildung sehen als auf ihre **praktische Erfahrung**. Dazu bieten sich auch nicht nur andere Gelehrte

---

[1] Dieses selbst in dem Mafse, dafs dadurch indirekt sogar das deutsche Ost-Afrika an Ausfuhren aus dem durch die britische Uganda-Bahn erschlossenen Inneren gewonnen hat. Die Einzel-Angaben über diese Sach-Verhältnisse, auch über den Aufschwung der Wirtschaft in unseren anderen Besitzungen durch deren Erschliefsung mittels Eisenbahnen (insbesondere Togo) finden sich in dem verdienstvollen Vortrage des Herrn VIETOR (Bremen) über »Den Handel der deutschen Kolonien« auf dem letzten Kolonial-Kongresse am 6. Oktober 1905 in den »Verhandlungen« S. 629 bis 637, besonders S. 633 u. ff.

zur zweckmäfsigen Verwendung, sondern möglichst Praktiker, etwa Landwirte oder Ingenieure. Wie wenig sogar die beste heimische Erfahrung für die überseeischen Verhältnisse ausreicht, beweist der Molenbau in Swakopmund. Auch sind deutsche Beamte zu leicht davon überzeugt, dafs wenn der König oder »Gott« ihnen auf ihr Examen hin »ein Amt gibt, sie dazu auch den Verstand« erhalten hätten. Der Beamte weifs stets alles besser als die alten Praktiker an Ort und Stelle, die schon jahrelange Erfahrung haben. Seine Mifserfolge kosten dann dem Reiche Millionen.

Insbesondere sollten auch **nicht** die Beamten draufsen so **schnell wechseln** wie bisher. Der Beamte mufs sich **einleben**, mufs Lust und Liebe zu den sich ihm bietenden Kulturaufgaben haben[1]. Wenn er bei dem Amt nur an seine Beförderung oder gar an heimische Behaglichkeit und Eleganz denkt, ist er draufsen nicht zu brauchen. In der heutigen Bureaukratie werden auch andererseits viel gute Kräfte **unverwertet aufgerieben**[2].

Auch in der Kolonialabteilung daheim sollten in **verantwortlichen** Stellen möglichst Männer aus der **praktischen Erfahrung** wirken. Soweit dieses noch nicht möglich ist, sollten sie mindestens durch Reisen in unseren Besitzungen und zum Vergleich auch in den englischen, französischen und holländischen, auch vielleicht in portugiesischen Besitzungen Studien gemacht haben. Am urteilfähigsten natürlich sind diejenigen, die **selbst einmal für eigene Rechnung** übersee **gewirtschaftet** haben. Dazu bieten Studienreisen auf eigene Hand auch die Gelegenheit, soweit es sich um **selbständige Expeditionen** in noch nicht erschlossenen Länderstrecken handelt. Dabei lernt man nicht allein die eigenartigen Naturverhältnisse, sondern vor allem auch das Menschenmaterial der fremden Rassen kennen.

---

[1] Der schnelle Beamtenwechsel ist subjektiv ebenso schädlich wie objektiv, für die Beamten selbst ebenso wie für die Landbezirke.

[2] Nachträglich sei hierzu auf das hingewiesen, was der ehemalige Bezirksamtmann Graf BAUDISSIN, wohl aus lebendiger Erfahrung heraus, im »Tag« vom 15. Februar 1906 über die Kolonialmüdigkeit des übersee vergeudeten Beamten-Personals sagt. Dort findet sich auch u. a. der Satz: »Der wahre Hemmschuh der Entwicklung ist der Kalkulator.«

Nach diesen skizzenhaften Vorbemerkungen seien hier die vier **Haupt-Gesichtspunkte** unseres **Programms** kurz angeführt:

1. **Das Reich mufs von allen Landstrecken Besitz ergreifen.** Aller Landbesitz mufs sich von staatlicher Autorität herleiten. Den Eingeborenen können Reservate überlassen werden; oder sie können einzelne deutsche Besitztitel für das ihnen zukommende Land erhalten.
Man hat es beanstandet, dafs wir den Negern ihr Land wegnehmen. Dies ist eine völlige Verkennung der Sachlage. Kein Naturvolk sitzt heute auf dem Lande, auf dem es zum Volk geworden ist. Wie schon bei den **Kulturvölkern Eroberung** das **höchste Recht** gibt, so gilt dies bei den **Naturvölkern** als **einziges Besitzrecht.** Alle eignen sich je nach Bedürfnis ihre Nachbarländer an; und dabei ist es der gewöhnlichste Fall, dafs die Unterliegenden in solchem Kampf auf wüste Weise ausgerottet werden; und was überlebt, das wird in Sklaverei gehalten. **Nichts von Derartigem ist unser Vorgehen.** Wir nehmen ihnen nicht das Land, soweit sie es gebrauchen und verwerten. Ganz im Gegenteil, soweit sie dazu fähig sind, soll ihnen eine **bessere Verwertung** ihres Landes oder **überhaupt** erst dessen Ausnutzung **gelehrt** werden. Wir Kulturvölker haben aber nicht allein das **Recht,** wir haben selbst die **Pflicht,** solche von den Naturvölkern verwahrlosten Länder in Besitz zu nehmen, um sie nutzbar zu machen. Dadurch, dafs die Naturvölker dieses **nicht** tun, dadurch, dafs sie diese Grundpflicht **nicht** erfüllen, machen sie sich einer Herrschaft über diese Länder **unwürdig.**

An **Ansiedler** und **Gesellschaften** sollten **Landkonzessionen** nur erteilt werden gegen die Verpflichtung ihrer wirklichen Bearbeitung oder naturgemäfsen Verwertung. Daher sollten solche Konzessionen nicht von gröfserem Umfange sein, als die Übernehmer sie bewältigen können.

Mit peinlicher Geschäftsunkenntnis sind einige der Landkonzessionen in unseren Schutzgebieten abgeschlossen worden. Nicht, dafs solche Konzessionen überhaupt erteilt sind, ist ein Fehlzug. Auch das ist nicht zu beklagen, dafs man dabei **fremdländisches Kapital** selbst in beliebigem

Umfange zugelassen hat. Ganz im Gegenteil, wenn Ausländer uns helfen wollen, unsere Kastanien aus dem Feuer zu holen, sollen sie uns sehr willkommen sein; und selbstverständlich sollen sie von den Kastanien dann auch ihren Teil abhaben. Aber schmerzlich für uns sind die unverständigen Bedingungen der meisten dieser Konzessionen, fast könnte man sagen: deren Bedingungslosigkeit[1].

Sehr erfreulich ist es, dafs am 19. Januar d. J. der Reichstag eine Kommission von 14 Mitgliedern gewählt hat, um zunächst die Konzessionen in den afrikanischen Schutzgebieten zu untersuchen. Unsere Kolonialverwaltung ist verpflichtet ihre Fehler, soweit möglich, wieder gutzumachen. Den formellen Rechten der Konzessions-Verbriefungen steht hier das materielle Recht der in ihren stillschweigenden Voraussetzungen getäuschten Kolonialabteilung gegenüber. Wie bei Expropriationen mufs rechtmäfsig vorgegangen werden, aber freilich nicht nach Jobber-Recht, sondern nach der gerechten Abmessung wirklich geleisteter oder noch zu leistender Arbeit[2].

2. Die Erschliefsung und Verwertung der Länder mufs vom Reich durch die erforderlichen Einrichtungen und Anlagen aufs energischste gefördert werden. Die nötigen Verkehrsmittel, der Eisenbahn- und Wegebau, sowie auch Wasser-Regulierungen, Stauwerke, Leitungen und dergl.

---

[1] In zu scharfem Gegensatze hierzu steht die von unserem Reichs-Marineamt erlassene Landordnung von Kiautschou, das vom Deutschen Reiche auf 99 Jahre gepachtet ist. Von dem Landwert müssen erstens 6% Grundsteuer entrichtet werden; zweitens sollen alle 25 Jahre die in einer Hand gebliebenen Grundstücke mit 33⅓% des unverdienten Wertzuwachses belegt werden; und drittens werden bei dem Übergange eines Grundstückes in anderen Besitz aufser 2% Umschreibe-Gebühren 33⅓% des unverdienten Wertzuwachses an die Regierung abgeführt. Der Letzten ist dabei das »Vorkaufs-Recht« zu dem angegebenen Preise vorbehalten.

[2] Dieses sind auch die Gesichtspunkte des Arbeitsplanes, den die Kommission am 10. Februar zur Prüfung der südwestafrikanischen Konzessionen angenommen hat.' — Zur späteren Beurteilung von solchen Konzessionen, insbesondere in tropischen Kolonien wird es sich empfehlen, die Erfahrungen, die die Franzosen sich hierin erworben haben, zu berücksichtigen. Einiges darüber findet sich bei Dr. ALFRED ZIMMERMANN, »Weltpolitisches, Beiträge und Studien zur modernen Kolonialbewegung«, Berlin, 2. Aufl. 1901.

müssen da, wo sich zu ihrer Herstellung sonst nicht das nötige **Privatkapital** auf eigenes Risiko bereit findet, unter mäfsigster **Zins-Garantie** beschafft werden.

Für Südwestafrika erwähnte ich bereits, dafs viele Millionen jetzt verschwendet werden mufsten, weil wir nicht rechtzeitig die notwendigen **Verkehrs-Anlagen** eingerichtet und damit auch die Besiedlung des Landes ermöglicht und gefördert hatten. In anderen Besitzungen zieht sich, je mehr wir mit ihrer Erschliefsung durch den Eisenbahnbau zögern, der **Handel** aus den Hinterländern weg in die benachbarten Gebiete, wo bereits Bahnanlagen und sonstige Verkehrs-Möglichkeiten vorhanden sind [1].

Die **Landgesellschaften** sind zur Anlage der erforderlichen Einrichtungen den Umständen entsprechend zu verpflichten. Aber durchweg ist es Pflicht der Kolonialverwaltung, beispielsweise in Südwestafrika, ebenso für die **Urbarmachung** und auch etwa für eine **forstwirtschaftliche** Verwertung der geeigneten Landstrecken Sorge zu tragen, wie der Staat daheim z. B. für die Lüneburger Heide so erfolgreich sorgte.

3. Die **Heranziehung** von **Ansiedlern**, Pflanzern und Kaufleuten mit Kapital und Intelligenz mufs durch deren freieste und liberalste Behandlung erzielt werden. Beamte und Soldaten heben nicht die Kaufkraft eines Landes; dies tun nur die **wirtschaftlichen** Arbeiter, die tierische, pflanzliche oder mineralische Erzeugnisse des Landes beschaffen

---

[1] Das gilt z. B. für Ostafrika, was auch von VIETOR in seinem erwähnten Vortrage auf dem Kolonial-Kongresse nachdrücklichst hervorgehoben ward. — Die Mehrheit des Reichstages wie auch die Kolonialabteilung müssen aufhören »*penny wise and pound foolish*« zu sein. Aber selbst die Kolonialgesellschaft mufs noch mehr den deutschen Doktrinarismus überwinden. Noch kommt bei uns die Erkenntnis nicht zur Geltung, dafs Kolonial-Politik nicht ein ideelles Opfer sein soll, das wir der Kultur der Menschheit bringen, sondern ein Geschäft, bei dem das deutsche Volk an **Reichtum** und das Deutsche Reich an **Macht** gewinnen müssen. Auf dem letzten Kolonial-Kongresse sind diese wichtigsten Gesichtspunkte fast nur wie ein Anhang in den Sektionen 5 bis 7 behandelt worden; und zwei Haupt-Vorträge, der von VIETOR und der vom Baurat GAEDERTZ über »Die Transport-Verhältnisse in den Kolonien«, sind nur in der 5. Sektion, nicht — wie erforderlich — in einer Plenarsitzung verhandelt worden.

und vertreiben. Dazu ist die **Selbstverwaltung** der Ansiedler in tunlichster Weise zu begünstigen. Sobald hinreichend arbeitende und verantwortungsfähige Elemente irgendwo beisammen sind, sollte deren **Selbstverwaltung** eingerichtet werden, auch noch über die schon von Professor Helfferich[1] vorgeschlagene Reform hinaus. Da, wo sich gröfsere Gemeinden europäischer Ansiedler finden, sollten diese munizipal organisiert werden. Sie sollten möglichst auch durch Bildung von Freiwilligenkorps die Verwaltungskosten für das Reich vermindern.

Gegen den Hauptzweck der Kolonialpolitik, die **wirtschaftliche Rentabilität** der Länder zu erzielen, hat die **Maschinerie der Verwaltung** in den Hintergrund zu treten. Es stehen schon in unseren Kolonialdiensten sehr leistungsfähige, hervorragende Beamte und ebenso tüchtige Offiziere. Beide sind uns durchaus unentbehrlich. Aber sie sind **nicht** Selbstzweck, sondern sie **dienen** nur dem Zwecke, dafs sich die **Privatwirtschaft** rentieren kann; und erst aus der Rentabilität der Privatwirtschaft kann die der Staatswirtschaft hervorgehen.

Das wird vielfach verkannt; man überträgt die heimische Bureaukratie auf die überseeischen Verhältnisse, als ob die Deutschen draufsen auch nur sogenannte »Untertanen« wären, die zum Zwecke des Regiertwerdens da sind. Aber **Land und Leute** sind der **Selbstzweck.** Wer nicht mit Hingabe diesem Zwecke dienen will, mag trotzdem wohl als heimischer Beamter noch Verwendnng finden können; aber übersee nicht. Die **Anschnauzerei** der deutschen »Untertanen« ist dort nicht am Platze, insbesondere dann nicht, wenn sie mit **bedientenhafter Nachgiebigkeit**, ebenso wie gegen alles »Vorgesetzte«, so auch gegen alles Fremde, sogar gegen Neger und andere Naturkinder, verbunden ist.

---

[1] Prof. Dr. Helfferich, »Zur Reform der kolonialen Verwaltungsorganisation«, Berlin 1905. — Es war sehr erfreulich, dafs dem Reichstage am 14. Dezember 1905 noch durch den jüngst verstorbenen Staatssekretär Freiherrn von Richthofen die Überzeugung ausgesprochen wurde, dafs die Ansiedler zu einer Art von Selbstverwaltung herangezogen werden müfsten. Wie weit damit schon in unseren verschiedenen Besitzungen begonnen worden ist, stellt Helfferich S. 18—22 dar.

Bis zu welchem Grade die Klagen hierüber gerechtfertigt sind, das vermag ich nicht zu sagen. Unwahrscheinlich sind sie nicht. Es kann sich hierbei auch nur um Mißgriffe der Verwaltung handeln, aber doch um solche, in denen sich der alte Erbfehler beschränkter, unrichtiger Anschauungen zeigt. Daß Lakaienseelen in Beamtenaufputz unästhetische Erscheinungen sind, darüber wird wohl niemand im Zweifel sein. Man sollte aber ganz besonders vorsichtig sein, daß nicht solche Männer übersee verwendet werden. — Insbesondere sind dort auch noch solche Männer schädlich, die nicht so viel Nationalgefühl besitzen, daß sie die damit gegebene Solidarität unter allen Umständen empfinden, — Männer, die nicht einmal so weit das natürlichste Rassegefühl haben, daß sie unter gewöhnlichen Verhältnissen das Wort eines Deutschen an sich höher schätzen als das eines Negers —, die dem Zeugnis eines Negers eher glauben als dem eines Deutschen. Ist schon ohnehin das wirtschaftliche Vorankommen draußen an den meisten Orten schwierig, so wird hierdurch jeder Wirtschafts- und Geschäftsbetrieb noch mehr erschwert. Es wird dadurch den Deutschen, ebenso wie anderen Europäern, dort das Leben nur verleidet und verekelt.

4. Die Erziehung der Naturvölker zur Arbeit sollte staatlich organisiert werden. So wie jeder Deutsche zu einem Militärdienste verpflichtet ist, sollte jeder männliche gesunde Eingeborene unserer Besitzungen zu einer fünfjährigen Dienstzeit in wirtschaftlicher Arbeit verpflichtet werden. Dabei sollte ihm nicht nur sein Unterhalt und eine mäßige Löhnung, sondern auch die seiner Art erwünschte Erholung und Belustigung, soweit angänglich, gesichert werden.

Die Durchführung dieses letzten Punktes ist allerdings eine Frage der geschickten Ausführung durch Männer von Takt und Erfahrung. Sie erfordert auch an den verschiedenen Orten die Anpassung an die Eigenartigkeit gegebener Verhältnisse. Durchführbar ist aber solche »allgemeine Arbeitspflicht« in Länderstrecken, die vollständig unserer Herrschaft unterworfen sind, wohl ebensogut, wie sich tropische Naturvölker zu Soldaten ausbilden lassen. Niemand wird auch wohl bestreiten, daß wir Deutschen in derartiger organisatorischer Geschicklichkeit den anderen europäischen Nationen überlegen sind [1].

Der Grundsatz, nach dem eine Herrschaft in Naturländern, und so in Afrika, nur durchgeführt und nur aufrechterhalten werden kann, der Grundsatz, nach dem man allein einem Naturlande die Kultur bringen kann, der Grundsatz, nach dem man allein die Eingeborenen erziehen und segensreich fördern kann, ist der des landesväterlichen Zwanges unter unbedingter Herrschaft. Man hat dieses von verschiedenen wohlmeinenden, aber unverständigen Seiten oft bestritten. Man hat es als unrechtmäfsigen Eingriff in die freie Selbstbestimmung der Naturvölker bezeichnet, dafs man sie nicht nur der Herrschaft über ihre weiten Landstrecken beraubte, sondern dafs man dann auch noch diese Naturkinder zur Arbeit anhielte. Diese Einwände sind nur ein Rattenkönig von Unverstand.

Es gibt keinen anderen Weg zur Kultur als durch Arbeit. Das gilt für die Naturvölker ebensogut wie für die Kinder der Kulturvölker. Gern und freiwillig lernt kaum irgendein Kind; und so arbeitet auch der Naturmensch nicht freiwillig. Wenn in Deutschland nicht die allgemeine Wehrpflicht gesetzlicher Zwang wäre, so würden auch wohl nur wenige Deutsche sich der Ausbildung zum Militärdienst unterwerfen. Anderseits soll Löhnung nicht den arbeitenden Negern vorenthalten werden. Aber die Kulturerziehung durch Gewöhnung an nützliche Arbeit kann, sowie die Verwertung von Naturländern, nur auf einer sicher überlegenen Machtgrundlage und nur durch ein Zugreifen mit zielbewufster fester Hand geschehen [2].

---

[1] Bemerkenswert ist übrigens, wie jetzt schon ähnlich in Rhodesia verfahren wird. Wenn dort ein Unternehmer Arbeiter braucht, wendet er sich an den Commissioner. Dieser läfst an die betreffende Zahl von Eingeborenen Arbeitscheine (»Permits«) verteilen, denen diese Folge leisten müssen. Der Commissioner schliefst mit dem Unternehmer den Arbeitsvertrag und unterzeichnet ihn für die Arbeiter, teilt diesen den Inhalt mit und macht ihnen begreiflich, was sie zu tun haben und wohin sie mit dem Arbeitgeber zu gehen haben. Diesem garantiert der Commissioner die Arbeitsleistung seiner Leute, und den Arbeitern garantiert er ihre ordnungsmäfsige Bezahlung und Behandlung. Die Lohnzahlung wird durch den Commissioner besorgt.

[2] Zu diesem Gegenstand kann ich nicht umhin, auf das ein-

Diese Frage der Kultur-Erziehung der Naturvölker ist ein altes Lieblings-Thema meinerseits; und ich bedaure, hier nicht weiter darauf eingehen zu können. Ich habe dies Problem anfänglich in meinem »Ethiopien« behandelt; und schon 1879 haben Herr Adolf Woermann und ich dieses Thema in der Geographischen Gesellschaft in Hamburg mit voller Übereinstimmung erörtert[1].

Wenn ich aber doch zu diesem Gegenstand noch zwei Worte sagen darf, so ist das erste dies, daſs man nicht alle »Schwarzen« unterschiedslos ansehen und behandeln darf. Es sind drei Kulturstufen mehr oder weniger scharf zu trennen: 1. solche Neger, die bereits in Schul-Erziehung einigermaſsen wenigstens den Formen europäischer Kultur angepaſst sind; 2. solche, die wenigstens im Bereiche europäischer Kultur leben, und 3. völlig Wilde. Hier kommt nur die groſse Masse der zweiten Kategorie in Betracht.

Das zweite ist: wenn auch an der relativen Kulturfähigkeit des Negers nicht zu zweifeln ist, so kann er zur Kultur doch erst im Laufe der Jahrhunderte durch die gesetzliche Gewöhnung an nützliche Arbeit erzogen werden. Dabei hat man den Satz festzuhalten: »Der Deutsche hat seinen Schädel, um darin zu denken; der Neger aber hat den Schädel einstweilen, um Lasten darauf zu tragen.« — Doch genug hiervon.

Zum Schlusse bleibt uns nun noch eine Frage übrig, die ganz kurz zu prüfen ist: Warum Weltmacht? Warum wollen oder müssen wir notwendig auch politisch eine Macht ersten Ranges sein? Waren wir nicht als »Volk der

---

dringlichste einen Aufsatz über »Die wirtschaftliche Entwicklung unserer Kolonien« und die Behandlung der Eingeborenen zu empfehlen, den Graf Baudissin im »Tag« vom 4. März d. J. veröffentlicht hat. Jedes darin gesagte Wort trifft meiner Ansicht nach in meisterhafter Kürze stets genau die Punkte, auf die es ankommt.

[1] Hobbe-Schleiden, »Ethiopien«, Hamburg 1879, Kap. IV—VII, X, XI und XIV. — Sodann meine Vorträge in der Geographischen Gesellschaft zu Hamburg: »Rentabilität der Kultur Afrikas«, abgedruckt in der »Deutschen Revue«, Berlin 1879, Bd. III Heft 9 S. 367 ff. — Ferner: »Kulturfähigkeit der Neger«, abgedruckt in den »Mitteilungen der Geographischen Gesellschaft zu Hamburg«, 1879, Heft 1. — Adolf Woermann, »Kulturbestrebungen in Westafrika«, abgedruckt in demselben Hefte.

Denker und Dichter« auch zur Zeit des »Deutschen Bundes« die bedeutendste Kulturnation der Erde? Warum sollte es uns nicht genügen, wenn einst schlimmstenfalls das deutsche Volk politisch nur so viel bedeuten würde wie jetzt Dänemark oder Rumänien oder Griechenland ohne Weltwirtschaft und ohne Weltmacht?

Im März des Jahres 1896 stellte im Reichstage der Führer einer grofsen Partei ein Schlagwort auf; im folgenden November eignete sich dies der Führer der ihr scharf entgegenstehenden Partei an. Diese Parteien mögen wieder ungenannt bleiben[1]; das Wort selbst aber mufs hier erwähnt werden, weil es die Frage nach der deutschen Weltmacht in der gröbsten Weise negativ beantwortet. Es lautet: »Solche Weltpolitik ist für den Staat, was der Gröfsenwahn bei einzelnen Personen ist.«

Könnte man sich einen traurigeren Beweis eines entnationalisierten Volkes denken als diese Übereinstimmung von gegnerischen Parteien in der Ablehnung des nationalen Strebens nach Weltmacht und Weltwirtschaft! Gerade diese Lebensfrage der Nation sollte allerdings keine Parteifrage sein, aber doch nur so, dafs jeder Deutsche für, nicht gegen das Deutschtum eintritt. Damals fehlte noch sehr vielen Reichsboten das deutsche Nationalgefühl. Heute kommt dies immer mehr zum Durchbruch. Aber während einerseits diejenigen, die nur um ihre wirtschaftliche Existenz besorgt sind, sich irrtümlich einreden, dafs diese ihnen ohne Deutschlands Weltmacht andauernd gesichert sein könnte, finden sich anderseits noch immer schwachmütige Idealisten, die da meinen: Selbst wenn unsere Nationalität dahinsiechte, so bliebe uns doch noch das Höchste, was wir haben, unsere Geisteskultur!

Das soll den Herren sicher nicht bestritten werden, dafs unsere deutsche Sprache und die ganze Geisteskultur, die mit ihr zusammenhängt, das Höchste und das Gröfste ist, was wir als Deutsche haben, und das Beste, was nur je ein Volk für die Menschheit geleistet hat und leisten kann. Unsere reine Sprache ist, wie keine andere, des vollendetsten Ausdruckes der begeisternden Erhabenheit und der hinreifsenden

---

[1] Das Nähere hierüber findet man ausgeführt bei Professor Dr. Ernst Hasse, »Deutsche Weltpolitik«, München 1897.

Leidenschaft fähig, ebenso wie der lieblichsten Lyrik und der zartesten Gemütstöne voll wärmster Innigkeit. Des sind besonders die Erzeugnisse des deutschen Geistes in den letzten zwei Jahrhunderten Zeuge, auch nicht nur die unserer **Dichter** und **Denker**, sondern weiter auch die unserer **Gelehrten** auf allen Gebieten der **Wissenschaft**, in denen Deutschland stets das letzte Wort zu reden hat; und unserer Sprache ebenbürtig ist unsere **Musik** von BEETHOVENS Schöpfungen bis zum einfachsten sinnigen Volksliede. Kein anderes Volk der Jetztzeit leistet annähernd Ähnliches.

Aber wird uns diese Geisteskultur »bleiben«, wenn wir als Volk wieder in Verfall geraten? Das ist die Frage.

Die Geschichte zeigt uns nur zwei Völker, die eine der unserigen ähnliche und verwandte Geisteskultur hatten, das **alt-indische** und das **alt-griechische**. Was sind sie jetzt? und was ist jetzt ihre Geisteskultur?

Indiens Größe, deren letzter Höhepunkt ASZOKAS Reich war, starb dahin mit seiner politischen Macht. Seine Geisteskultur schwebt nur wie ein Schatten um die lebensfrische Herrschaft der Engländer dort.

Griechenlands Kultur war die Lehrmeisterin der römischen; und sie war auch vielleicht die einzig wirkliche Geisteskultur, die überhaupt die Römer hatten. Sogar ihre Rechtsbildung holten die Römer sich ursprünglich von den Griechen. Aber diese büßten ihre Freiheit und politische Selbständigkeit durch die steten Zwistigkeiten zwischen Sparta und Athen ein. Hellas wurde von Rom absorbiert; und die Hellenen wurden zu Hauslehrern, Kunstsklaven, Betriebsgehilfen und Unterbeamten der römischen Aristokraten.

Ähnlich ward das **deutsche Volk zur Zeit des alten** »**Bundes**« geistig, ebenso wie wirtschaftlich, mehr und mehr von Frankreich und von England abhängig. In der englischen Weltwirtschaft wurden mit Vorliebe Deutsche als Handlungsgehilfen, Lehrer und Unterbeamte verwendet. — Freilich ward es einmal doch den Deutschen durch ihr Denken und ihr Dichten möglich, sich über den alten Gegensatz zwischen den Norddeutschen und den Süddeutschen hinwegzusetzen und sich zur **politischen Einigkeit** aufzuschwingen. Würde aber jetzt das deutsche Volk politisch wieder fallen, würde es die Weltmacht einbüßen, so würde auch sein Dichten und sein Denken schwinden. Würde

Deutschland gegenüber der angelsächsischen Welt wieder zu einem minderwertigen Kleinstaate hinabsinken, so würde mit dem Deutschen Reiche auch die deutsche Geisteskultur ihr frisches Leben einbüßen. Sie würde in dasselbe Schattenreich hinabsteigen, in dem LYKURG und SOLON, PERIKLES, PLATON und ARISTOTELES begraben sind.

Nicht die Höhe und die Tiefe einer Geisteskultur sichern ihr die fortdauernde Herrschaft in der Welt. Nicht ihre Größe, ihre Weite, ihre Feinheit, ihre Schönheit sichern ihr und ihrer Sprache das lebendige Fortwirken in der Menschheit. Nur ein großes, reiches, weltmächtiges Volk kann seine Geisteskultur andauernd vor der Vernichtung wahren. Dazu sollten wir das Wort beherzigen, mit dem uns GOETHE durch den Mund des sterbenden »Faust« mahnt:

> »Das ist der Weisheit letzter Schluß:
> Nur der verdient sich Freiheit, wie das Leben,
> Der täglich sie erobern muß.«

Anhang.

Motive
zu einer überseeischen Politik Deutschlands,
(abgedruckt in der »Kölnischen Zeitung«, erstes Blatt, vom 4. August 1881).

Die andauernde Ungunst der wirtschaftlichen Lage unseres Vaterlandes,
die ungenügende Zunahme des Absatzes unserer Industrie,
die mehr und mehr abnehmende Rentabilität der Kapitalanlagen innerhalb unseres gegenwärtigen Wirtschaftsgebietes,
die Überfüllung aller Erwerbszweige mit tüchtigen Kräften, welche daheim keine Verwendung mehr finden können,
die steigende Unzufriedenheit der meisten Berufskreise, namentlich des Arbeiterstandes, mit dem Ertrage und Erfolge ihrer Arbeit,
die zunehmende Not unseres Mittelstandes und das immer stärkere Anwachsen unseres Proletariats,
die drohenden Übelstände unseres Volkslebens, veranlaßt durch solche gedrückten Wirtschaftsverhältnisse,
die jährlich wachsende Zahl solcher Verbrechen, die im wesentlichen auf Erwerbslosigkeit und Verzweiflung zurückzuführen sind,
die immer mehr überhand nehmende Entfremdung unserer niederen Volkskreise von dem gesunden Streben nach selbständiger Gestaltung und Siche-

rung ihrer eigenen Lebensexistenz, sowie ihr abnehmendes Vertrauen in die eigene wirtschaftliche Kraft,

die fortwährend mit Verbitterung wühlende sozialdemokratische Bewegung,

die Abnahme der Tatkraft und des Unternehmungsgeistes, des sittlichen Ernstes und des ideellen Strebens auch in den gebildeten Kreisen unseres Volkes,

die schädlichen Wirkungen unserer Auswanderung,

die Entziehung von vielen Milliarden Mark an Vermögens- und Arbeitswert unserer Nation durch Auswanderung,

die Beeinträchtigung unseres Volkes um einen Teil seiner gesunden und tüchtigen Kräfte unter Zurücklassung der schwächeren und ärmeren Bevölkerung,

die vielfach bis zur wirtschaftlichen und politischen Feindschaft gesteigerte Entnationalisierung dieser auswandernden Volksmassen,

die Stärkung der fremden, mit uns konkurrierenden Nationen, meist englischen Stammes, durch diese deutschen Arbeits- und Kulturkräfte und die dadurch bewirkte Erschwerung unserer Konkurrenz,

die Gefahr für unsere Nationalität, hinter den englisch redenden Völkern, die sich mehr und mehr über die ganze Welt ausbreiten, an weltwirtschaftlicher und kulturpolitischer Bedeutung zurückzubleiben,

die immer schärfer hervortretenden Schattenseiten unserer ungünstigen geographischen Lage für die Teilnahme an den unmittelbaren Vorteilen der Weltwirtschaft und an den grofsen, praktischen Aufgaben der Zivilisation in der aufsereuropäischen Welt:

diese Tatsachen sind es vornehmlich, welche uns unabweislich auf die Bahn einer überseeischen Politik hindrängen.

Solche bedenklichen Erscheinungen auf dem Gebiete unseres nationalen Lebens und Wirkens können nicht allein durch die Förderung der inneren Entwicklung unserer Nation gehoben werden; es bedarf dazu gleichzeitig einer geeigneten Ausdehnung unseres Wirtschaftsgebietes, einer Hebung unseres aktiven Exporthandels und Erweiterung unserer Welthandels-Verbindungen,

einer rentablen Verwendung unseres Überschusses an Kapital, Intelligenz und Arbeitskräften in jungen, noch wenig oder gar nicht ausgebeuteten, überseeischen Ländern,

eines regen wirtschaftlichen und geistigen Verkehrs solcher Länder mit unserem Vaterlande, eines lebhaften Austausches materieller und ideeller Güter zwischen beiden,

einer Auffrischung unseres Volkslebens durch Eröffnung eines freien Blickes über das Weltmeer, Anregung eines lebendigen Verständnisses für aufsereuropäische Verhältnisse, Weckung der Unternehmungslust und des Welthandelsgeistes unserer Nation,

einer Regeneration unserer zur Einseitigkeit neigenden Volkskreise durch die von den überseeischen Gebieten heimkehrenden Angehörigen, einer praktischen Erweiterung des geistigen Horizontes auch unserer theoretisch gebildeten Gesellschaftsklassen, Ergänzung unserer Vielwisserei durch vermehrte Erfahrung,

einer Organisation unserer Auswanderung zum Zwecke der Deutsch-Erhaltung möglichst vieler dieser Kräfte, einer Begründung deutscher Kultur und deutscher Interessen in günstigen überseeischen Ländern, einer Kräftigung unserer Nationalität und Stärkung unseres nationalen Einflusses durch Gewinnung solcher neuen Stützpunkte in wichtigen Teilen der überseeischen Welt.

Es ist nicht die Absicht einer deutschen überseeischen Politik, unsere Auswanderung zu fördern; es ist vielmehr nur ihr Zweck, diesen Abflufs unserer Produktionskräfte in seinen nachteiligen Folgen für unsere Volkswirtschaft zu mindern, diesen Abbruch unseres Volkslebens in eine Wohltat zu verwandeln und den Wandertrieb unseres Volkes auch für die Daheimbleibenden zum Segen zu wenden, indem das gesamte Wirtschaftsleben unserer Nation, der materielle Wohlstand und die geistige Wohlfahrt aller Berufskreise durch die direkten und indirekten Wirkungen solcher überseeischen Politik gehoben wird.

Ist freilich unzweifelhaft die unserem Vaterlande verloren gehende Auswanderung eine beklagenswerte Tatsache, so kann doch objektiv betrachtet die eigentliche Ursache dieser Erscheinung nur als eine höchst erfreuliche bezeichnet werden. Es ist dieses unser **starker und gesunder Volkszuwachs**.

Die Manneskraft einer Nation ist die erste und wichtigste Grundlage ihrer Produktivität wie ihres Wohlstandes, ihrer Sicherheit und ihres Ansehens unter ihren Nachbarvölkern. Die in so grofser Zahl nachwachsenden, **starken Arme unseres Volkes**, geleitet von dessen nicht minder **zunehmender Intelligenz**, das sind die gediegenen Grundlagen unseres Ackerbaues wie unserer Industrie, unserer Handelsschiffahrt und unserer Kriegsflotte, sowie unseres wohl organisierten Heeres. — Zum Nachteil und zur drohenden Gefahr für unsere Nation wird dieser riesige Kräftezuwachs nur dadurch,

> dafs wir ihn sich fast ausschliefslich in das heimische Wirtschaftsgebiet einzwängen lassen,
>
> dafs wir dadurch die Konkurrenz aller materiellen und geistigen Kräfte in unserem Vaterlande bis zu einem gefahrdrohenden Mafse sich steigern sehen,
>
> dafs wir bisher uns aufserstande finden, diesen Kräften, die wir durch tüchtige Schulung in jeder Richtung leistungsfähig zu machen bestrebt sind, auch dementsprechende Erwerbs-Möglichkeiten innerhalb der engen heimischen Verhältnisse zu bieten,
>
> dafs wir die besten Überschüsse unserer Manneskraft durch unsere Auswanderung an die mit uns konkurrierenden Nationen abgeben und dadurch deren Produktionskraft und deren Kultur — uns selbst zu immer gröfserem Nachteil — fördern.

Es sind meistens nicht die schlechtesten Kräfte unseres Volkes, die sich übersee hinauswagen. Schon der Entschlufs zu solchem entscheidenden Schritte setzt einen bedeutenden Grad von **Energie und Selbständigkeit** des Charakters voraus; die Ausführung des Schrittes erfordert immerhin auch nicht ganz unbedeutende Mittel.

So sind in vielen Jahrzehnten von den verschiedenen Generationen unseres Volkes vielfach die besseren Kräfte uns verloren gegangen; die schlechtesten Elemente aber blieben mit zurück und halfen einen Nachwuchs zeugen, der seinen Eltern gleicht. Daher der in unserem Volke mehr und mehr gesteigerte Drang nach Bevormundung und übertriebener Hilfe der Staatsgewalt; daher die schwächliche Abnahme des Triebes nach Selbständigkeit; daher die wachsende Verzweiflung an der eigenen Kraft des Einzelnen.

Auch aus England war und ist die Auswanderung nicht minder stark als die aus unserem eigenen Vaterlande; in der britischen Nation aber begegnen wir solchen Erscheinungen nicht. Die nationale Entwicklung der Expansionskraft dieses Volkes hat bei ihm stets die Kulturkräfte und den Wohlstand der Nation viel schneller und in weit gröfserem Mafse gehoben, als sich irgendwelche Nachteile eines solchen Kräfte-Abflusses für das Stammland geltend machen konnten.

England ist bis heute der tragende Mittelpunkt des Weltverkehrs. Sobald aus irgendeinem Teile unseres Erdballs neue Nachrichten über günstige Chancen in dem einen oder anderen Lande einlaufen, sogleich regen sich die wirtschaftlichen Kräfte des Landes. Es beginnt eine den Verhältnissen entsprechende Auswanderung dorthin; Kapitalisten und junge Unternehmer sind stets bereit, die besten Vorteile von der Ausbeutung eines solchen Landes für sich zu gewinnen. Die Deutschen aber folgen ihnen bisher fast überall nur als ihr Schatten.

Das mufs anders werden, will Deutschland nicht seine wirtschaftliche und kulturelle Selbständigkeit gefährden.

Die eminenten Vorteile der überseeischen Politik treten uns in unverkennbarster Weise entgegen an der bisherigen Entwicklung und dem heutigen Wohlstande Englands im Vergleich zu denen anderer europäischer Länder, insonderheit Deutschlands.

Die statistische Vergleichung lehrt [1]:

---

[1] Dies Alles ist eingehend nachgewiesen in meiner „Überseeischen Politik, eine kulturwissenschaftliche Studie mit Zahlenbildern", Hamburg 1881.

— 40 —

die Gesamtausfuhr der Nationen nimmt zu im wachsenden Verhältnisse der Volkszahl ihrer überseeischen Gebiete zu der Volkszahl ihrer Stammländer;

die überseeischen Wirtschaftsgebiete einer Nation sind in jeder Hinsicht (quantitativ und qualitativ) die besten und sichersten Kunden ihrer Industrie;

gleiche Sprache und gleiche Nationalität sind das stärkste und weitest tragende Band kommerzieller Verbindungen; sie bedingen bei allen normal entwickelten Nationen die Vorhand im Welthandel;

der Bruttogewinn im überseeischen Handel verhält sich zu dem des europäischen Handelsverkehrs ungefähr wie 29 : 17;

die Rohproduktion in überseeischen Naturländern ist mindestens doppelt so rentabel wie in den älteren Kulturländern Europas;

sonderlich die Kultivation der Tropenländer und ihrer Naturvölker ist durchweg noch gewinnbringender, entwicklungsfähiger und von länger andauerndem Vorteil für das Stammland als eigentliche Kolonisation, d. h. Ansiedlung unserer eigenen Arbeitskräfte als Stamm der Bevölkerung in Ländern mit gemäfsigtem Klima;

die überseeische Politik einer Nation steigert deren Wohlstand im Verhältnisse zur Ausdehnung, Energie, Geschicklichkeit und Kosten-Aufwendung, mit denen sie betrieben wird;

unter übrigens gleichen Verhältnissen wächst der Wohlstand der verschiedenen Nationen, die gleich stark und tüchtig sind auf dem Gebiete der inneren Kultur-Entwicklung, im Verhältnisse ihrer Leistungen an äufserer Kultur-Entwicklung.

Während der Umsatz des deutschen Handels mit überseeischen Ländern im vorigen Jahrzehnt (1868—1877) sich kaum auf 750 Millionen Mark per Jahr belief, erreichte derjenige Grofsbritanniens den Wert von fast 8000 Millionen Mark jährlich[1], und der Totalgewinn auf diesen letzteren Um-

---

[1] »Überseeische Politik«, S. 25, Tabelle 10.

satz betrug durchschnittlich per Jahr mindesten 1300 Millionen Mark[1].

Den reichsten Nutzen und das gröfste Ansehen geniefst England durch den Besitz Britisch-Indiens. Der rein materielle Vorteil, den die britische Nation aus seiner Herrschaft über dieses alte Wunderland alljährlich zieht, war schon 1877 auf 600 Millonen Mark zu schätzen[2].

Ganz diesen günstigen Verhältnissen entsprechend hat England auch gestrebt seinen höheren, ideellen Aufgaben im Kreise der Zivilisation gerecht zu werden. Die Unterdrückung des Sklavenhandels und die Aufhebung der Negersklaverei verdankt die Menschheit im wesentlichen der britischen Nation.

Noch gröfsere und weit bedeutendere Kultur-Aufgaben als diese harren ihrer Lösung durch die zu Trägern des Kultur-Fortschritts berufenen Nationen. Um keine einzige derselben werden wir uns das entscheidende Verdienst erwerben können ohne eine mit Energie und Erfolg betriebene überseeische Politik.

Solchen Aufgaben mufs Deutschland nachstreben, indem es auf diesem Wege zugleich seinen eigenen wirtschaftlichen, kulturellen und nationalen Bedürfnissen gerecht wird!

Der Besitz einer Achtung gebietenden Flotte erleichtert uns die Durchführung dieser Bestrebungen; und auch diese unsere Seemacht selbst findet ihre fernere Entwicklung und naturgemäfse Verwendung nur im Dienste einer überseeischen Politik.

Alle Kräfte zur Inangriffnahme solcher Politik stehen unserer Nation zu Gebote. Unsere Auswanderung kolonisiert schon jetzt im Dienste fremder Nationen mit dem gröfsten Erfolge. An Überschufs von Kapital fehlt es uns wahrlich nicht, wenn wir uns doch gegenwärtig (1880) veranlafst sehen, sogar die Anleihen finanziell zerrütteter und uns feindlich gesinnter Völker zu decken und zu überzeichnen. Unsere Intelligenz aber wird auch jenen »gröfseren Zwecken sich gewachsen« zeigen.

---

[1] Ebenda S. 23, Tabelle 8. Der Handelsgewinn betrug durchschnittlich 29 %.

[2] »Weltwirtschaft und die sie treibende Kraft«, S. 26.

Überseeische Politik ist daher das Ziel, welches wir bei jeder sich uns bietenden Gelegenheit im Auge zu behalten haben. Überseeische Politik allein vermag auch erst den Grund zu legen zu einer

Weltmacht Deutschlands!

Barmen, im Juli 1881.

Hübbe-Schleiden, Dr. J. U.

Verzeichnis
der
Kolonialpolitischen Schriften Dr. Hübbe-Schleidens
aus dem Verlage von
L. Friederichsen & Co. in Hamburg (Neuerwall 61),

welche bis auf weiteres zu den nachstehenden herabgesetzten Preisen durch jede größere Buchhandlung oder direkt von der Verlagshandlung bezogen werden können.

Ethiopien. Studien über West-Afrika. 1879. 8⁰.
418 Seiten, mit einer Karte. Statt 10 M. jetzt 5 M.

Urteile sachverständiger Autoritäten und Preisorgane:

Literarisches Centralblatt Nr. 14, vom 5. April 1879. (Von Geh.-Rat Prof. Dr. Wilhelm Roscher.) ... Das vorliegende Werk verdient warm empfohlen zu werden. Es ist eine wertvolle Bereicherung unserer ethnographischen und handelspolitischen Literatur. ... Sein „Ethiopien" kennt der Verfasser zum Teil aus eigener Anschauung; er hat von Juni 1875 bis Juni 1877 zu Gabun gelebt und dann noch bis Dezember 1877 in der französischen Kolonie am Senegal. Sehr interessant ist besonders die Schilderung der jetzigen Handelsverhältnisse in Ethiopien. ... Aber auch dem Rechtshistoriker bietet der Verfasser, der offenbar mit guten juridischen Kenntnissen ausgerüstet ist, aus dem Kreise seiner ethiopischen Beobachtungen manche Analogie, die zum lebendigen Verständnisse des Mittelalters wohl verwertet werden kann. ... Und bei allen ist sein Hauptzweck doch ein praktischer. ... Er kennt und anerkennt durchaus, was England so groß gemacht, und möchte es den Deutschen zu verständiger Nacheiferung empfehlen: ähnlich, wie es im 17. Jahrhundert Männer wie Sir W. Raleigh, Sir Th. Culpeper, Sir W. Temple, Sir J. Child ihren Landsleuten gegenüber mit dem Vorbilde Hollands machten.

Bedarf Deutschland Kolonien? pag. 99, Gotha 1879. (Von Dr. Friedrich Fabri): „In der Tat eine vortreffliche Studie, die dem Besten, was je über Afrika geschrieben, würdig zur Seite tritt. Der Verfasser bietet hier das Resultat seiner vielseitigen Beobachtungen in ebenso belehrender wie anziehender Weise. Und was seinem Buche besonderen Wert verleiht, ist die durchaus praktische Tendenz, die seine Darlegungen für jede Unternehmung in Mittelafrika zu einem sehr brauchbaren Hilfsmittel macht. Vielfache Studien zum Verständnisse kolonialer Politik und der mit ihr unmittelbar zusammenhängenden wirtschaftlichen Fragen sind verarbeitet, und was der Verfasser über die klimatische Beschaffenheit, über die kulturellen und kommerziellen Verhältnisse, was er über den Neger, seine Natur und Behandlung, seine Erziehung zur Arbeit sagt, zeugt ebensosehr von treffender Beobachtungsgabe wie von wohlwollendem und klarem Urteil."

Deutsche Rundschau, V pag. 487, vom 18. Juni 1879. (Von A. Lammers.) .... Eine Skizzenreihe von außerordentlichem Werte. Es gibt in unserer Sprache nicht viel, was dieser Leistung gleichkäme oder gar sie überträfe. ... Dr. Hübbe-Schleiden sah und hörte in Afrika mit mehr Sinnen, als sonst selbst die besten Beobachter pflegen. ... Es ist ein wahrer Genuß, mit Dr. Hübbe durch die äußeren Praktiken westafrikanischen Tauschhandels, welche er ergötzlich und durchsichtig darstellt, vorzudringen zu den ihnen zugrunde liegenden Rechtsanschauungen des Negers. ...

Überseeische Politik, eine kulturwissenschaftliche Studie mit Zahlenbildern. Erster Teil. 1881. 8°. 273 Seiten. Statt 6 M. jetzt 3 M.

Überseeische Politik. Zweiter Teil. Kolonisations-Politik und Kolonisations-Technik. Eine Studie über Wirksamkeit und Rentabilität von Kolonisations-Gesellschaften. 1883. 8°. 205 Seiten. Statt 5 M. jetzt 3 M.

Urteile sachverständiger Autoritäten und Preßorgane:

Norddeutsche Allgem. Zeitung Nr. 550, vom 24. November 1880. .... Es erscheint so recht eigentlich als Aufgabe der Presse, die in dem neuen Werke gesammelten Werte populär, sie der Gesamtheit zugänglich zu machen! Indem wir diese journalistische Ehrenpflicht gegenüber der jüngst erschienenen Studie von Dr. Hübbe-Schleiden, deren Titel wir an die Spitze dieser Besprechung gestellt, erfüllen, begrüßen wir das hochbedeutsame Werk als eine überaus wertvolle Bereicherung unserer handelspolitischen Literatur, dem jedenfalls dieselbe Anerkennung sicher ist, welche die analogen Studien desselben Gelehrten über West-Afrika hervorriefen. ... Möge das ausgezeichnete Werk dazu beitragen, den Sinn für die nationalen Aufgaben, die auch jenseits des Ozeans unserm Volke beschieden sind, in den weitesten Kreisen zu klären! An die nationale Presse aber ergehe der Mahnruf, nach ihren Kräften den tüchtigen Kämpfer zu unterstützen und die Kenntnis und möglichste Verbreitung des Buches zu fördern.

Jahrbuch für Gesetzgebung, Verwaltung und Volkswirtschaft im Deutschen Reich, herausgegeben von Prof. Gustav Schmoller, pag. 241 und 244 f., 1. Heft, 1881. .... Soweit der Hauptinhalt des Buches, das begeistert und teilweise glänzend geschrieben, jeden Leser fesseln wird. Es tritt uns ein großer, weiter Blick, eine umfassende Bildung und vor allem ein energischer Wille entgegen. Auch die handelsstatistische Leistung ist von Wert; wir haben bis jetzt nichts Ähnliches. .... Aber nicht darin liegt die eigentliche Bedeutung des Buches, sondern darin, daß es eine Tat ist und Taten fordert. Es ist eine Parteischrift; ihr praktisches Ziel ist ihr die Hauptsache. Mächtig rüttelt sie das Gewissen und den Blick der Deutschen auf, um ihnen vorzuhalten, wohin wir streben müssen.

Kölnische Zeitung Nr. 38 vom 7. Februar 1881. Dr. Hübbe-Schleiden, der Verfasser der sehr lehrreichen Schrift „Ethiopien", bietet uns in seinem neuesten Werke „Überseeische Politik" sehr viel des beachtenswerten Materials. ... Man muß sich ein wenig in das Buch hineinarbeiten, dann empfangen diese Zahlen ein eigentümliches Leben und entrollen vor unserm Auge die gediegene Frucht eines emsigen, unermüdlichen Schaffens. ...

Der bedeutendste Teil des Werkes ist unzweifelhaft derjenige, welcher sich mit den Begriffen Kolonisation und Kultivation beschäftigt.... Wir hoffen, daß Hübbe-Schleidens Buch mit dazu beiträgt, diese große Aufgabe zu lösen; jedenfalls verdient es die ernstlichste Beachtung.

(Augsburger) Allgemeine Zeitung, Beilage zu Nr. 53 vom 22. Februar 1881. .... Dr. Hübbe-Schleiden kann das Verdienst einer.... neuen Begründung dieser Ansichten bei warmer, oft geradezu hinreißender Darstellung beanspruchen. Wir finden aber den eigentlichen Wert seines Buches noch in ganz anderer Richtung; erstens in dem scharfen Unterschiede, welcher im Hinblick auf Deutschlands Interesse zwischen Kolonisation und Kultivation gemacht wird, und dann in der Hinweisung auf Afrika, das in der Tat mehr als jeder andere Erdteil berufen scheint, uns ein fruchtbares Feld großer überseeischer Politik darzubieten.... Wir gestehen, so sehr uns die allgemeinen Darlegungen des Buches an einigen Stellen fesselten, hier erst wird unsere Teilnahme warm, die sich auf ein ganz bestimmtes Ziel hingelenkt sieht....

Deutsche Kolonisation. Eine Replik auf das Referat des Herrn Dr. Fr. Kapp über Kolonisation und Auswanderung. 1881. 8°. 132 Seiten. Statt 3 M. jetzt 2 M.

Urteile der Presse:

Die Post Nr. 76 und 77, vom 18. und 19. März 1881. Noch niemals haben wir den tiefgehenden Zwiespalt der alten und der neuen Richtung so trefflich, milde und ruhig dargestellt gefunden wie in einem soeben erschienenen Buche des ausgezeichneten Verfassers der „Überseeischen Politik", Herrn Dr. jur. Hübbe-Schleiden, „Deutsche Kolonisation". Das einleitende Kapitel seines die größte Aufmerksamkeit verdienenden Werkes ist der kommenden Generation gewidmet.... der Schluß derselben schildert in beredten Zügen das Programm unserer nationalen Aufgaben.

Neue Hannoversche Zeitung Nr. 79 vom 4. April 1881. .... eine höchst interessante und anregende Schrift....

Leipziger Zeitung Nr. 72 vom 25. März 1881. .... Es würde hier zu weit führen aus der reichen Fülle fruchtbarer Gedanken, die das Buch dem Leser darbietet, einzelnes herauszugreifen; man muß es ganz lesen, um sich einen Begriff zu machen von dem, was die junge Generation will. Mag auch das deutsche Philistertum dabei die Köpfe schütteln und von Phantasterei reden — das ist doch nur eitel Phrase; das junge aufwärtsstrebende Geschlecht hat keine Zeit und Lust mehr, der Phrase zu huldigen.

Weltwirtschaft und die sie treibende Kraft. 1882. 8°. 30 Seiten. Statt 0,75 M. jetzt 0,50 M.

Altenburg (S.-A.)
Pierersche Hofbuchdruckerei
Stephan Geibel & Co.